상상을 현실로 바꾸는 경험

엠블록 출동!
AI 인공지능, 나도 할 수 있다

집필 장병철 · 유경선 · 이준기 · 이은경
감수 AI정보교사연구회

코딩을 잘 몰라도
인공지능 용어를 잘 몰라도,
누구나 쉽게 개념 이해부터
활용까지 배울 수 있어요.

인공지능이 뭔지 모르는
나도 쉽게 이해할 수 있게
풀어낸, 세상에서 가장 쉬운
인공지능 기초 입문서예요.

씨마스에듀

2019년 12월 17일, 제53회 국무회의에서는 과학기술정보통신부를 비롯한 전 부처가 참여하여 '인공지능(AI) 국가전략'을 발표하였습니다.

인공지능의 발전은 대한민국 국민의 일부가 아닌 모두에게 영향을 미치는 거스를 수 없는 큰 흐름입니다. 거대한 파도와 같은 모습으로 우리 앞에 다가올 인공지능을 여러분은 어떤 마음으로 준비하고 있나요?

한 사람, 한 기업, 한 사회, 나아가 한 국가는 모두 그 앞에 놓인 다양한 문제를 해결하며 성장하고 있습니다. 이때, 인공지능이 우리에게 큰 도움을 줄 수 있기에 우리 모두는 인공지능을 만날 수 있도록 서로서로 도와야 합니다. 사람 중심의 따뜻함이 가득한 세상을 꿈꾸며 인공지능을 강조하는 마음을 가지면서요.

우리는 SW 교육을 통해 블록 코딩을 사용하여 생활 속의 문제를 해결하는 다양한 프로그래밍을 경험하였습니다. 최근 블록 코딩에서는 다양한 인공지능 API 확장 기능과 기계 학습의 지도 학습 모델을 경험할 수 있습니다. 인공지능이 학습을 통해 사람처럼 글자를 읽어, 음성으로 출력하고, 언어를 번역하고, 표정으로 감정을 인식하고, 주위 상황을 묘사하는 등 이전에는 상상할 수 없었던 일들을 해내고 있습니다.

인공지능이란 말이 아직은 낯설 것입니다. 이 책을 통해 배움의 즐거움을 알고 생활 속의 문제에 배움을 적용하며 세상을 환히 밝히는 한 사람이 될 수 있기를 진심으로 바랍니다. 이 책을 서핑보드 삼아 인공지능의 파도를 타고 넘고 즐기며 꿈에 닿는, 행복 가득한 미래에 살기를 바라봅니다.

저자 일동

이 책을 쓰신 분들

장병철 선생님

인공지능을 배우려는 열기가 뜨겁습니다. '딥러닝을 배워야 한다', '데이터의 수집이 중요하다', '자연어 처리를 위해 RNN을 배워야 한다' 등 기술에 대한 이야기가 많습니다. 하지만 인공지능에서 제일 중요한 것은 사람입니다. 이 책으로 사람을 위한 인공지능, 나아가 기술로 세상을 따뜻하게 만드는 방법을 배우시기 바랍니다.

유경선 선생님

인공지능을 접하면서 학생들과 어떤 내용을 함께 나누는 것이 좋을지 고민했습니다. 세상의 기술이 발전하고 표준화됨에 따라 세상의 정의는 계속 변합니다. 이 책을 통해 인공지능과 친숙해지면서 편견을 줄이고, 공정한 가치를 바라볼 수 있는 시각을 키울 수 있기를 바랍니다.

이준기 선생님

세상의 급변함을 함께 느끼고 싶습니다. 이 책으로 인공지능을 활용해 삶의 문제를 쉽고 재미있게 해결하는 프로그래밍을 체험하면서 인간을 위하는 따뜻한 인공지능의 세상과 마주하기를 바랍니다.

이은경 선생님

어렵지만 쉽게, 쉽지만 꼭 알려 주고 싶은 인공지능의 이야기를 책 구석구석에 꾹꾹 눌러 만들었습니다. 인공지능이 궁금하지만 어떻게 시작해야 할지 고민하는 여러분에게 자신 있게 이 책을 권합니다.

이 책의 구성과 활용법

1부는 인공지능 API를 체험하는 활동으로,
2부는 인공지능 기계 학습을 체험하는 활동으로 구성되어 있습니다.

학습 목표를 확인하고,
그 필요성에 대해 생각해 봅니다.

해결할 과제를 확인하고,
해결 과정을 미리 살펴봅니다.

문제 해결 방법을 생각하여
프로그램을 만들어 봅니다.

도입 ➡ **1** ➡ **2** ➡

똑똑, 무슨 일이니?

착착, 방법을 생각해!

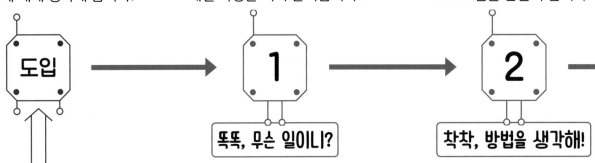

📖 **준비 학습을 해요**

엠블록으로 인공지능을 체험하기 위해
준비 과정 안내에 따라 프로그램 환경을
만들어 봅니다.

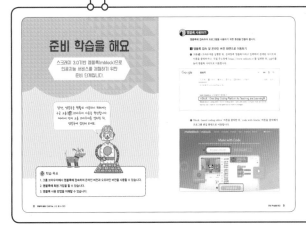

👁 **만화로 알아보는 인공지능**

1부에서는 인공지능 API가 무엇인지,
2부에서는 인공지능 기계 학습이 무엇인지
재미있는 만화로 알아봅니다.

API는 뭐고, 기계 학습은 뭘까요?
어렵게 느껴지지만 우리 생활 속 여기저기 활용되고
있는 인공지능, 함께 체험하며 알아봅시다.

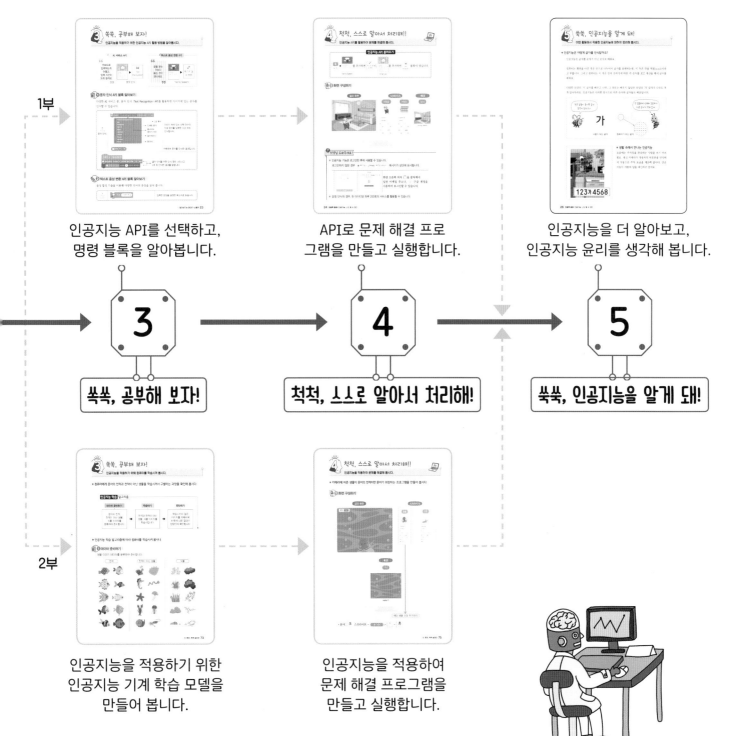

1부

3 쏙쏙, 공부해 보자!
인공지능 API를 선택하고, 명령 블록을 알아봅니다.

4 척척, 스스로 알아서 처리해!
API로 문제 해결 프로그램을 만들고 실행합니다.

5 쑥쑥, 인공지능을 알게 돼!
인공지능을 더 알아보고, 인공지능 윤리를 생각해 봅니다.

2부

인공지능을 적용하기 위한 인공지능 기계 학습 모델을 만들어 봅니다.

인공지능을 적용하여 문제 해결 프로그램을 만들고 실행합니다.

이 책의 차례

책에서 소개한 엠블록의 화면 구성과 블록 명칭은 현재 시점과 다를 수 있습니다.

1부와 2부 대부분의 활동에서 웹캠(컴퓨터 카메라)이 사용되니 꼭 준비해서 활용하세요. (＊ 활동 2 제외)

2부에서는 각 활동별로 인공지능
데이터 카드를 준비해서 활용하세요.
(* 활동 9와 활동 11 제외)

제2부

준비 학습을 해요

스크래치 3.0 기반 엠블록(mblock)으로
인공지능 서비스를 체험하기 위한
준비 단계입니다.

잠깐, 엠블록을 원활히 사용하기 위해서는
구글 크롬()브라우저 사용을 권장합니다.
따라서 먼저 크롬 브라우저를 설치한 뒤,
엠블록에 접속해 보세요.

 학습 목표

1. 크롬 브라우저에서 엠블록에 접속하여 온라인 버전과 오프라인 버전을 사용할 수 있습니다.

2. 엠블록에 회원 가입을 할 수 있습니다.

3. 엠블록 사용 방법을 이해할 수 있습니다.

1 엠블록 사용하기

엠블록에 접속하여 프로그램을 사용하기 위한 환경을 만들어 봅시다.

■1 엠블록 접속 및 온라인 버전 화면으로 이동하기

❶ 크롬(◎) 브라우저를 실행한 뒤, 검색창에 'mblock'이라고 입력하여 검색된 사이트의 이름을 클릭하거나, 직접 주소창에 'https://mblock.makeblock.com'을 입력한 뒤, Enter 키를 눌러 엠블록 사이트로 이동합니다.

❷ 'Block−based coding editor' 버튼을 클릭한 뒤, 'code with blocks' 버튼을 클릭해서 프로그램 편집 화면으로 이동합니다.

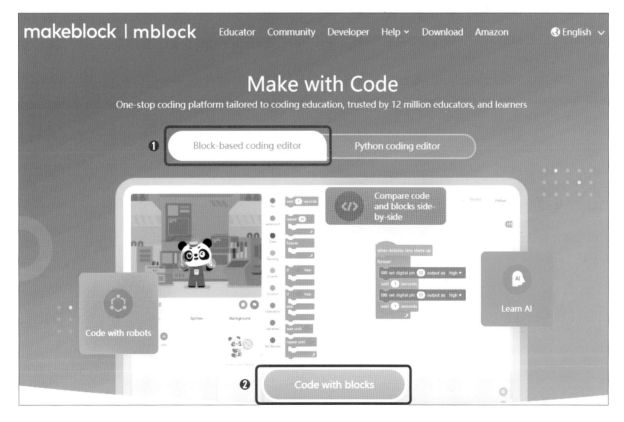

② 엠블록 오프라인 버전 다운로드 및 설치하기

❶ 엠블록 사이트 화면 상단에서 'Download' 버튼을 클릭합니다.

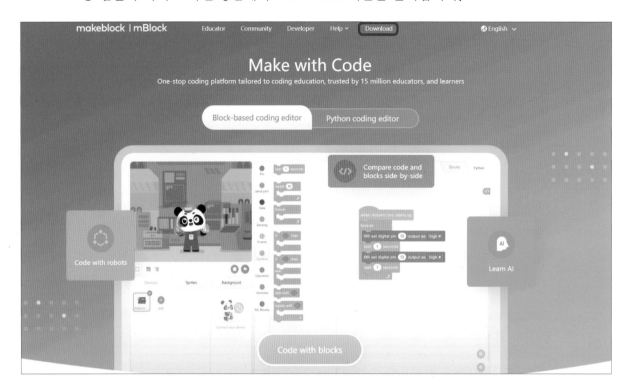

❷ 내 컴퓨터 운영 체제에 해당하는 파일을 다운로드합니다.
(※이 책에서는 Windows를 기준으로 설명합니다.)

❸ 다운로드한 파일을 클릭해서 설치를 시작하고 화면에서 '예', 'INSTALL', '확인' 버튼을 계속 클릭합니다.

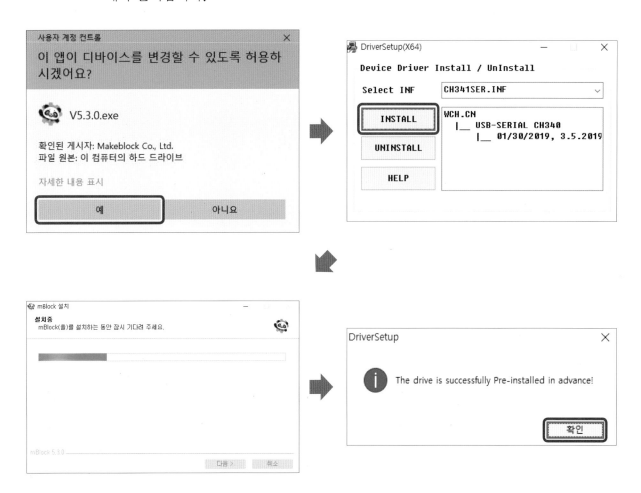

❹ '마침' 버튼을 클릭하면 설치가 끝납니다.

회원 가입 및 로그인하기

작성한 프로젝트를 온라인에 저장하거나 인공지능 관련 명령 블록을 사용하려면 회원 가입을
해야 합니다.

1 회원 가입하기

❶ 엠블록 프로그램 오른쪽 위 ○을 클릭해서 '가입' 탭을 클릭합니다.

❷ '가입' 탭을 선택한 뒤 이메일 주소를 입력하고, '나는 만 16세 이상입니다.' 또는 '나는
만 16세 미만입니다.' 버튼을 클릭하여 회원 가입을 합니다.

※ 만 16세 미만인 경우에는 보호자 동의가 필요합니다.

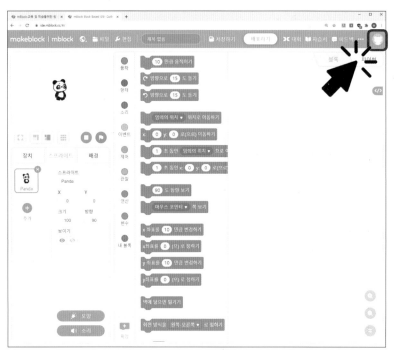

2 로그인하기

❶ ○을 클릭한 뒤 '로그인' 탭 창에서 가입한 이메일 주소와 암호를 입력하여 로그인합니다.

❷ 만일 구글 계정이 있다면 G 을 클릭하여 구글 계정으로 로그인할 수도 있습니다.

③ 엠블록 화면 구성 살펴보기

스크래치 3.0 기반의 엠블록은 스크래치와 거의 동일하게 구성되어 있으며, 여러 가지 하드웨어 연결을 지원합니다. 책에서 소개한 엠블록의 화면 구성과 블록 명칭은 현재 시점과 다를 수 있습니다.

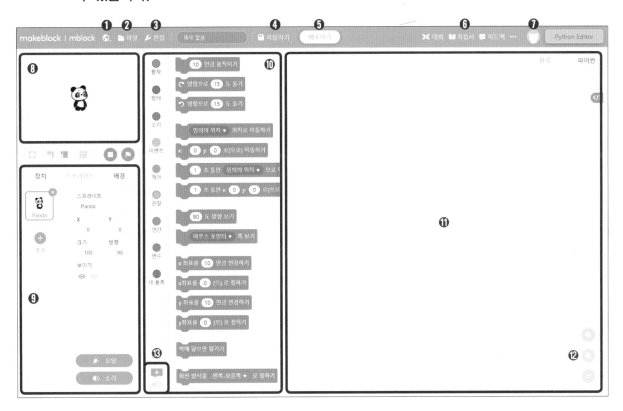

❶ 엠블록의 메뉴를 다른 언어로 바꿀 수 있습니다. '한국어'로 선택합니다.

❷ 프로젝트(파일) 새로 만들기, 열기, 다른 이름으로 저장, 내 컴퓨터에서 가져오기, 컴퓨터에 저장하기 등을 할 수 있습니다.

❸ 스테이지 터보 모드를 켜거나 끌 수 있고, 스테이지를 숨기거나 보이게 할 수 있습니다.

❹ 작성한 프로그램을 저장합니다.

❺ 작성한 프로그램을 공유하여 다른 사람이 보거나 활용할 수 있게 해 줍니다.

❻ 사용자 가이드와 예제 프로그램을 안내합니다.

❼ 로그인하거나 회원 가입을 할 수 있는 창이 열립니다.

❽ 프로그램의 실행 결과를 확인할 수 있습니다

❾ 엠블록에서 연결 가능한 장치와 스프라이트, 배경 목록입니다. 기본으로 '장치' 탭이 선택되어 있으며, 위 화면은 스프라이트 탭이 선택된 상태입니다.

❿ 장치, 스프라이트, 배경에 적용할 다양한 명령 블록들이 들어 있습니다.

⓫ 이곳으로 블록을 끌어다가 조립할 수 있습니다.

⓬ 조립한 블록들의 크기를 크게 키우거나 작게 줄일 수 있습니다.

⓭ '확장' 버튼을 클릭하면 '확장 센터' 창이 열리고 사용하고 싶은 서비스를 선택하여 추가할 수 있습니다. '장치' 또는 '스프라이트' 선택 여부에 따라 지원하는 추가 기능이 다릅니다.

제1부

API 체험하기

• LIVE

인공지능은 많이 어렵다고 하는데, 어떻게 시작하지?

우리가 생활 속에서 인공지능을 어떻게 활용할 수 있을지 다양한 인공지능 API를 체험해 볼까?

API를 활용해요

API(Application Programming Interface)란 특별한 프로그래밍 기술이 없어도 개발자가 원하는 애플리케이션을 쉽게 만들 수 있도록 구성한 소스 코드 모음입니다. 일반적으로 인공지능 기반 서비스를 개발하려면 많은 시간과 비용이 들기 때문에 API를 활용합니다.

활동명	인공지능 학습 요소
1. 할아버지는 왜 화가 났을까	문자 인식 API, 텍스트 음성 변환 API
2. 다문화 친구와 소통해요	번역 API, 텍스트 음성 변환 API
3. 아빠, 안전 운전하세요	감정 인식 API, 텍스트 음성 변환 API
4. 친구야, 다시 볼 수 있어	이미지 묘사 API, 번역 API, 텍스트 음성 변환 API

엠블록(makeblock|mblock)에서는 문자 인식 서비스, 번역 서비스, 이미지 인식 서비스 등 편리한 인공지능 API가 다양하게 제공됩니다. 엠블록으로 학생들이 다양한 인공지능 API를 체험할 수 있기 때문에 처음으로 인공지능을 접하는 학생들이 인공지능을 더욱더 흥미롭게 맛볼 수 있습니다.

API는 무엇일까요

우리가 사용하게 될 이미지 속 문자를 인식하는 기능, 입력한 텍스트의 언어를 다른 나라 언어로 변역할 수 있는 번역 기능, 입력한 텍스트를 사람이나 캐릭터 등 다양한 목소리로 읽어 주는 기능, 모두 인공지능 기술을 쉽게 활용할 수 있도록 도와주는 API입니다.

드디어 세상을 구할 영웅 삼총사를 다 만들었구나!

영웅 삼총사의 능력은 만든 사람만이 사용할 수 있습니다.

지금부터 좋은 일에 쓸 수 있도록 널리 알려야겠어요.

방패맨 — 강력 방패
아이롱맨 — 비행
줄무늬맨 — 벽타기

영웅의 능력이 필요한 다른 사람들과 영웅 사용법을 공유하면 보다 가치 있는 일이 될 수 있습니다.

하늘 높이 풍선이 날아가 버렸네. 어쩌지? 아이롱맨 도와줘요!

나만 아이롱맨에게 연락할 수 있어요.

왜요?

영웅들 성격이 까다로워서 여러분들이 직접 불러내기는 힘들거든요.

방패맨   아이롱맨   줄무늬맨

관계자 외 출입금지

또, 영웅들이 손상되면 오작동할 수 있기 때문에 직접 접근할 수는 없어요.

그럼, 아이롱맨을 불러 주세요.

네, 아이롱맨을 호출하겠습니다.

이렇듯 누구나 영웅들을 사용할 수 있도록 도와주는 표준을 API(Application Programming Interface)라고 합니다. 위 이야기 속 영웅들을 연결해 주는 중개인(콜 센터)의 역할이 API라고 할 수 있습니다.

아이롱맨! 출동하세요.

나?

그래, 너.

앞으로도 도움이 필요하면 내 중개인(콜 센터)에게 연락해.

고마워요.

그럼, 영웅들과 친하지 않아도 중간에 있는 당신에게 부탁하면 되는 건가요?

네, 이번엔 어떤 도움이 필요한가요?

혹시 내 영어 번역 숙제를 대신해 줄 수는 없을까요?

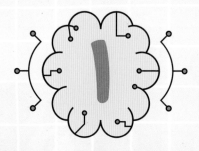

할아버지는 왜 화가 났을까

높게 기르기

핵심 역량: 도덕적 정서 능력

이 활동을 통해 자신 및 타인의 감정을
인식하고 배려할 수 있는 능력을
키울 수 있습니다.

정확히 배우기

학습 목표

책의 글자를 인식해 음성으로
변환하는 프로그램을
만들 수 있습니다.

깊게 이해하기

인공지능 학습 요소

문자 인식 API, 텍스트 음성 변환 API

활동 전 넓게 생각해 보기

글자를 모르는 할아버지를 위해 컴퓨터가 글을 읽어 주는 프로그램이 있다면 할아버지의 마음은 어떨까요?

똑똑, 무슨 일이니?

글자를 모르는 할아버지께서 속상하지 않으시도록 도와야 해요.

늘 친절하시던 할아버지께서 글자를 묻는 준기에게 버럭 화를 내셨어요. 사실, 글을 배운 적이 없는 할아버지께서 당황하여 화를 내신 거였어요. 어떻게 할아버지를 도울 수 있을까요?

＊ **글자를 모르는 할아버지를 위해 컴퓨터가 글을 읽어 주는 과정을 살펴봅시다.**

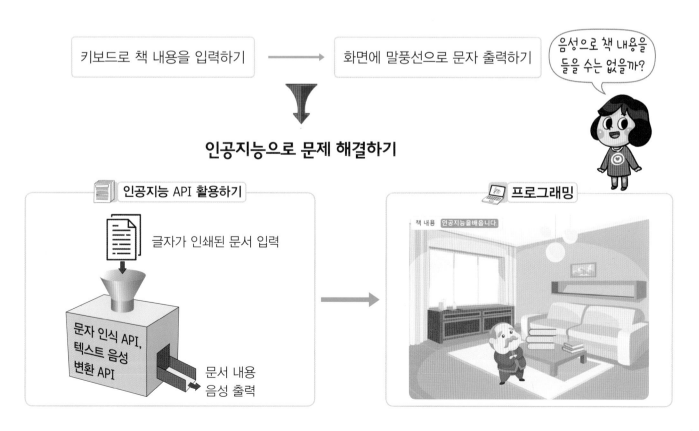

2 착착, 방법을 생각해!

문제 해결 방법을 생각해 보고, 그 방법에 따라 프로그램을 만들어 봅시다.

예제 주소_ https://planet.mblock.cc/project/298910

1 해결 방법 생각하기

① 책의 내용을 키보드로 입력합니다.

② 책을 선택하면 화면에 말풍선으로 문자가 출력됩니다.

키보드로
책 내용을 입력하기 ➡ 화면에 말풍선으로
문자 출력하기

2 프로그래밍하기

① 화면 구성하기

스프라이트와 배경을 선택하여
화면을 구성해 보세요.

② 코드 작성하기

- 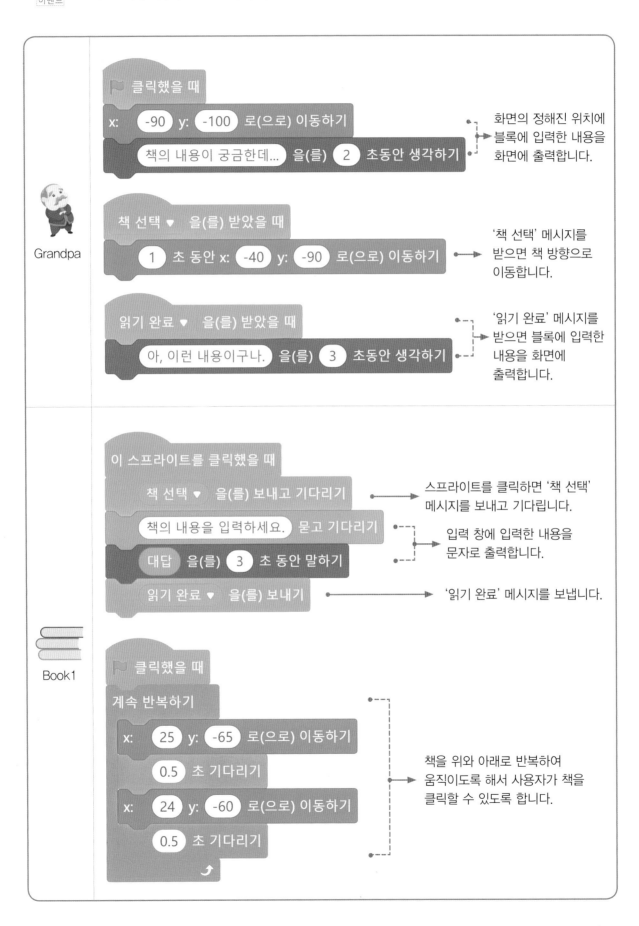 이벤트 — '책 선택', '읽기 완료' 메시지를 만듭니다.

Grandpa

클릭했을 때
x: -90 y: -100 로(으로) 이동하기
책의 내용이 궁금한데... 을(를) 2 초동안 생각하기

> 화면의 정해진 위치에 블록에 입력한 내용을 화면에 출력합니다.

책 선택 ▼ 을(를) 받았을 때
1 초 동안 x: -40 y: -90 로(으로) 이동하기

> '책 선택' 메시지를 받으면 책 방향으로 이동합니다.

읽기 완료 ▼ 을(를) 받았을 때
아, 이런 내용이구나. 을(를) 3 초동안 생각하기

> '읽기 완료' 메시지를 받으면 블록에 입력한 내용을 화면에 출력합니다.

Book1

이 스프라이트를 클릭했을 때
책 선택 ▼ 을(를) 보내고 기다리기
책의 내용을 입력하세요. 묻고 기다리기
대답 을(를) 3 초 동안 말하기
읽기 완료 ▼ 을(를) 보내기

> 스프라이트를 클릭하면 '책 선택' 메시지를 보내고 기다립니다.

> 입력 창에 입력한 내용을 문자로 출력합니다.

> '읽기 완료' 메시지를 보냅니다.

클릭했을 때
계속 반복하기
x: 25 y: -65 로(으로) 이동하기
0.5 초 기다리기
x: 24 y: -60 로(으로) 이동하기
0.5 초 기다리기

> 책을 위와 아래로 반복하여 움직이도록 해서 사용자가 책을 클릭할 수 있도록 합니다.

③ 실행 결과 확인하기
- 'Book1' 스프라이트를 클릭하면 입력 창이 표시되는지 확인합니다.
- 입력한 내용이 말풍선으로 출력되는지 확인합니다.

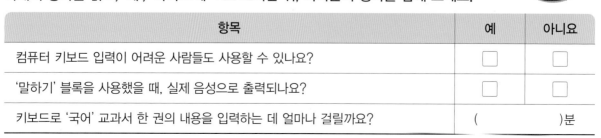

컴퓨터를 이용해 책의 내용을 입력하는 일은 너무 어려운 것 같아요. 또, 화면에 말풍선 속 글자로만 출력되어 할아버지가 실제 활용할 수가 없어요.

✔ 프로그래밍 체크 리스트

아래의 항목을 읽고, '예', '아니요'에 ∨로 표시한 뒤, 여러분의 생각을 답해 보세요.

항목	예	아니요
컴퓨터 키보드 입력이 어려운 사람들도 사용할 수 있나요?	☐	☐
'말하기' 블록을 사용했을 때, 실제 음성으로 출력되나요?	☐	☐
키보드로 '국어' 교과서 한 권의 내용을 입력하는 데 얼마나 걸릴까요?	(	)분

3 쏙쏙, 공부해 보자!

인공지능을 적용하기 위한 인공지능 API 활용 방법을 알아봅시다.

문자 인식 API

> 키보드로
> 입력하는게
> 어렵고,
> 입력 시간이
> 오래 걸려요.

문자 인식

텍스트 음성 변환 API

> 글을 읽는
> 것보다
> 듣는 것이
> 편리해요.

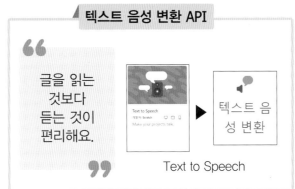

Text to Speech

1 문자 인식 API 블록 알아보기

다양한 AI 서비스 중, 문자 인식(Text Recognition) API를 활용하면 이미지에 있는 문자를 인식할 수 있습니다.

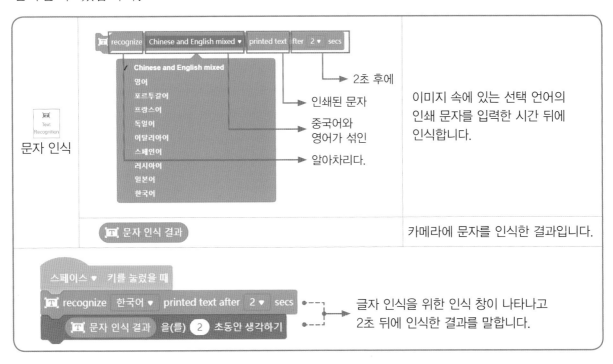

2 텍스트 음성 변환 API 블록 알아보기

음성 합성 기술을 이용해 다양한 언어의 문장을 읽어 줍니다.

4 척척, 스스로 알아서 처리해!!

인공지능 API를 활용하여 문제를 해결해 봅시다.

예제 주소_ https://planet.mblock.cc/project/289329

인공지능 API 불러오기

확장 ▶ **Text to Speech** 를 추가하면 텍스트 음성 변환이, **AI Service** 를 추가하면 **Text Recognition** 블록이 생깁니다.

1 화면 구성하기

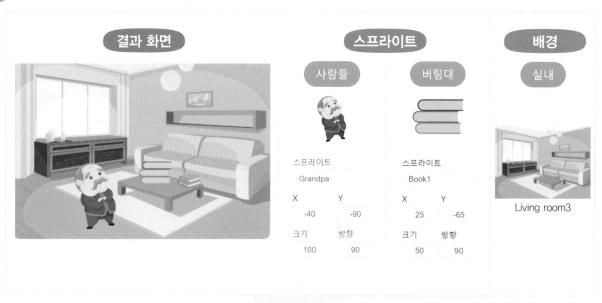

결과 화면	스프라이트		배경
	사람들	**버팀대**	**실내**

스프라이트 Grandpa

X	Y
-40	-90

크기	방향
100	90

스프라이트 Book1

X	Y
25	-65

크기	방향
50	90

Living room3

? 선생님 도와주세요!

※ 인공지능 기능은 로그인한 후에 사용할 수 있습니다.

로그인하지 않으면 ℹ 로그인하지 않았습니다. 로그인하십시오. 메시지가 상단에 표시됩니다.

화면 오른쪽 위의 🙂을 클릭해서 일반 이메일 주소나, Ⓖ 구글 계정을 사용하여 로그인할 수 있습니다.

※ 감정 인식의 경우에는 한 개의 아이디에 하루 200회의 서비스를 제공합니다.

② 코드 작성하기

- 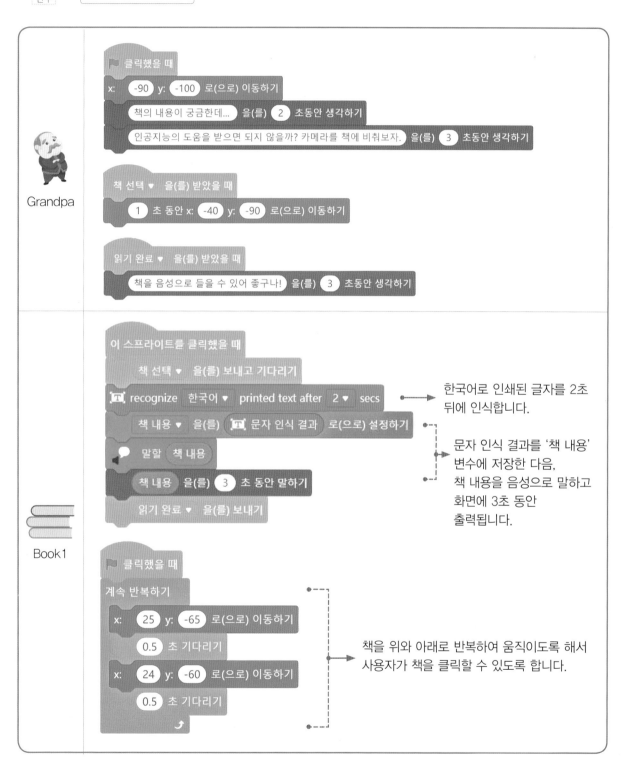 이벤트 — '책 선택', '읽기 완료' 메시지를 만듭니다.

- 변수 — 변수 만들기 에서 '책 내용' 변수를 만듭니다.

Grandpa

```
[클릭했을 때]
x: -90 y: -100 로(으로) 이동하기
책의 내용이 궁금한데... 을(를) 2 초동안 생각하기
인공지능의 도움을 받으면 되지 않을까? 카메라를 책에 비춰보자. 을(를) 3 초동안 생각하기
```

```
책 선택 ▼ 을(를) 받았을 때
1 초 동안 x: -40 y: -90 로(으로) 이동하기
```

```
읽기 완료 ▼ 을(를) 받았을 때
책을 음성으로 들을 수 있어 좋구나! 을(를) 3 초동안 생각하기
```

Book1

```
이 스프라이트를 클릭했을 때
책 선택 ▼ 을(를) 보내고 기다리기
recognize 한국어 ▼ printed text after 2 ▼ secs
책 내용 ▼ 을(를) 문자 인식 결과 로(으로) 설정하기
말할 책 내용
책 내용 을(를) 3 초 동안 말하기
읽기 완료 ▼ 을(를) 보내기
```

→ 한국어로 인쇄된 글자를 2초 뒤에 인식합니다.

→ 문자 인식 결과를 '책 내용' 변수에 저장한 다음, 책 내용을 음성으로 말하고 화면에 3초 동안 출력됩니다.

```
[클릭했을 때]
계속 반복하기
  x: 25 y: -65 로(으로) 이동하기
  0.5 초 기다리기
  x: 24 y: -60 로(으로) 이동하기
  0.5 초 기다리기
```

→ 책을 위와 아래로 반복하여 움직이도록 해서 사용자가 책을 클릭할 수 있도록 합니다.

③ 실행 결과 확인하기

책 속의 글자를 인식할 수 있도록 카메라에 인쇄된 글자를 비추고 음성으로 말하는지 확인합니다.

5 쑥쑥, 인공지능을 알게 돼!

이번 활동에서 적용한 인공지능에 대하여 정리해 봅시다.

❋ 인공지능은 어떻게 글자를 인식할까요?

인공지능은 글자를 문자가 아닌 숫자로 배워요. 어떻게 배우는지 궁금하지요?

컴퓨터는 화면을 아주 작은 칸으로 나누어서 글자를 표현하는데, 이 작은 칸을 픽셀(pixel)이라고 불러요. 그리고 컴퓨터는 이 작은 칸에 적혀있는 각 숫자를 보고 계산을 해서 글자를 배운답니다.

다양한 모양의 '가' 글자를 배우고 나면, 그 뒤로는 배우지 않았던 모양의 '가' 글자가 나와도 척척 알아차려요. 인공지능은 이러한 방식으로 다른 숫자와 글자들도 배울 수 있어요.

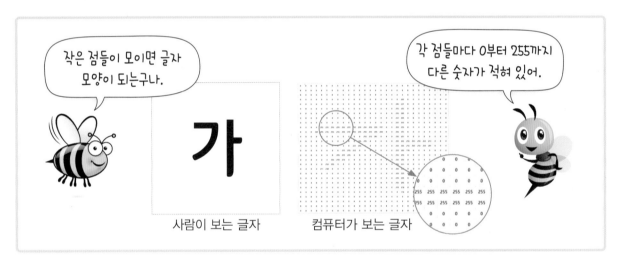

❋ 생활 속에서 만나는 인공지능은 어떤 모습일까요?

요즘에는 주차장을 관리하는 사람을 보기 어려워요. 대신 카메라가 자동차의 번호판을 인식해서 자동으로 주차 요금을 계산해 주어요.
이처럼 인공지능이 사람의 일을 대신하고 있어요.

인공지능, 함께 생각해 봐요!

책 읽어 주는 인공지능

인공지능이 책 속의 글자를 읽고 글자를 음성으로 바꾸어 주는 것은 단지 준기의 할아버지에게 만 좋은 것일까요? 여러분은 인공지능을 어디에, 어떻게 활용하여 사람들을 돕고 싶은지 써 보 고 아래 내용과 비교해 보세요.

예 외국 여행을 가서 외국어로 작성된 메뉴판을 보고 어떤 음식을 주문해야 할지 어려웠어요. 영어가 아닌 베트남, 일본어 등 다양한 언어로 된 메뉴판을 카메라에 인식시켜 추출한 글자를 번역한 다음, 음성으 로 말해 준다면 정말 편리하겠죠?
여행자들을 위한 편리한 인공지능 프로그램을 만들고 싶어요.

아! 그렇구나

'한국고전번역원'은 2001년 유네스코 세계기록유산으로 지정된 '승정원일기'의 글자를 카메라로 읽어 번역하는 작업에 인공지능을 도입했어요.
1994년부터 시작하여 2014년까지 사람의 힘으로는 전체의 20%밖에 옮기지 못했고 완료 시점 도 무려 2062년으로 예상했던 작업이었지요. 그런데 인공지능의 도움을 받는다면 27년을 단축한 2035년까지 마칠 수 있다고 해요. 기특한 인공지능입니다.

다문화 친구와 소통해요

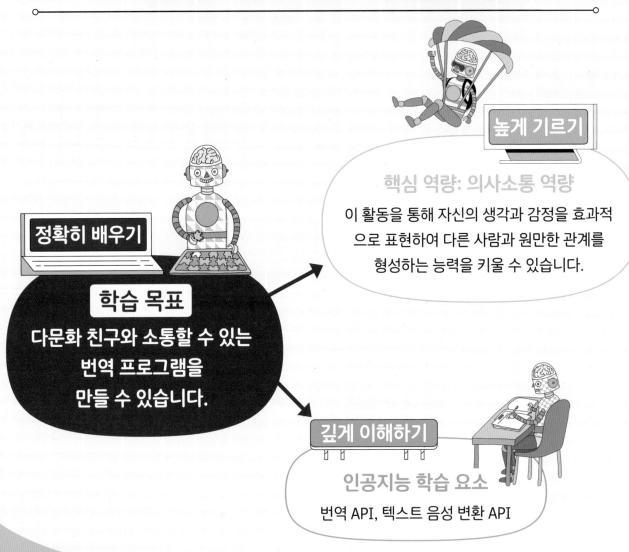

높게 기르기

핵심 역량: 의사소통 역량

이 활동을 통해 자신의 생각과 감정을 효과적으로 표현하여 다른 사람과 원만한 관계를 형성하는 능력을 키울 수 있습니다.

정확히 배우기

학습 목표

다문화 친구와 소통할 수 있는 번역 프로그램을 만들 수 있습니다.

깊게 이해하기

인공지능 학습 요소

번역 API, 텍스트 음성 변환 API

 활동 전 넓게 생각해 보기

전 세계 사람들이 사용하는 언어는 약 7,000개 정도라고 해요. 그 많은 언어가 서로 간에 잘 번역될 수 있을까요?

1 똑똑, 무슨 일이니?

성식이는 같은 반에 있는 늘 말이 없는 친구와 친해지고 싶어요.

그 친구는 중국에서 온 다문화 친구였어요. 한국어가 서툴러 말이 잘 통하지 않는 친구와 친해지려면 어떻게 해야 할까요?

* 언어가 다른 친구와 소통하기 위해 컴퓨터가 문장을 번역하는 과정을 살펴봅시다.

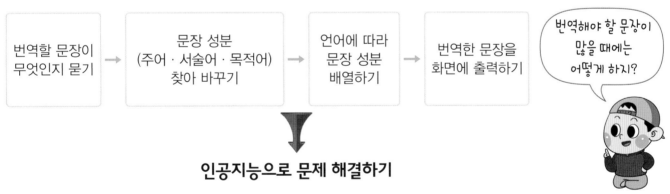

번역할 문장이 무엇인지 묻기 → 문장 성분 (주어·서술어·목적어) 찾아 바꾸기 → 언어에 따라 문장 성분 배열하기 → 번역한 문장을 화면에 출력하기

번역해야 할 문장이 많을 때에는 어떻게 하지?

인공지능으로 문제 해결하기

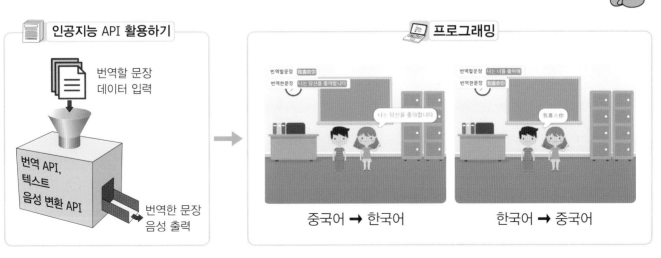

인공지능 API 활용하기

번역할 문장 데이터 입력

번역 API, 텍스트 음성 변환 API

번역한 문장 음성 출력

프로그래밍

중국어 ➡ 한국어

한국어 ➡ 중국어

2 착착, 방법을 생각해!

문제 해결 방법을 생각해 보고, 그 방법에 따라 프로그램을 만들어 봅시다.

예제 주소_ https://planet.mblock.cc/project/289344

1 해결 방법 생각하기

① 번역할 한국어 문장을 입력하면
   문장 성분(주어·서술어·목적어)을
   찾아 각각 중국어로 번역합니다.

② 번역한 중국어의 문장 성분을 중국어 어순에 맞게 배열하고,
   그 결과를 화면에 출력합니다.

"나는 당신을 좋아합니다."에서 '나는'은 주어,
'당신을'은 목적어, '좋아합니다'는 서술어예요.
이처럼 문장을 이루는 부분을 문장 성분이라고 해요.

번역할 문장 입력하기	→	문장 성분 (주어 · 서술어 · 목적어) 찾아 번역하기	→	언어에 따라 문장 성분 알맞게 배열하기	→	번역한 문장을 화면에 출력하기

2 프로그래밍하기

① 화면 구성하기

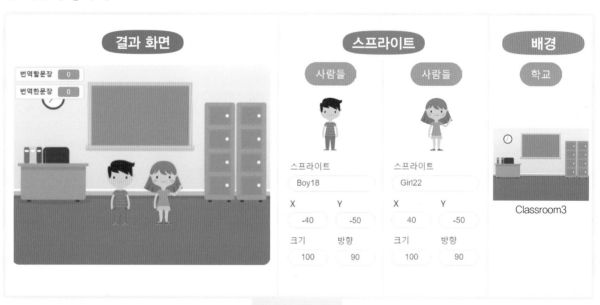

② 코드 작성하기

 — 변수 만들기 에서 '번역할문장', '번역한문장' 변수를 만듭니다.

• [이벤트] — '주어번역하기', '서술어번역하기', '목적어번역하기' 메시지를 만듭니다.

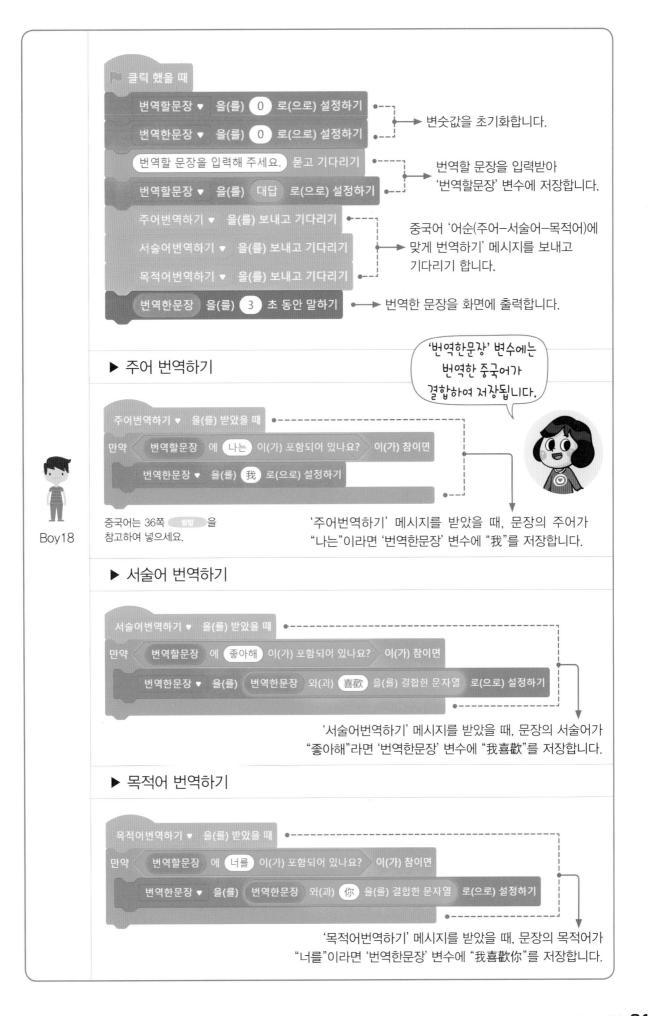

클릭 했을 때
번역할문장 ▼ 을(를) 0 로(으로) 설정하기 ┄┄┄▶ 변숫값을 초기화합니다.
번역한문장 ▼ 을(를) 0 로(으로) 설정하기 ┄┄┄

번역할 문장을 입력해 주세요. 묻고 기다리기 ┄┄┄▶ 번역할 문장을 입력받아
번역할문장 ▼ 을(를) 대답 로(으로) 설정하기 ┄┄┄ '번역할문장' 변수에 저장합니다.

주어번역하기 ▼ 을(를) 보내고 기다리기 ┄┄┄
서술어번역하기 ▼ 을(를) 보내고 기다리기 ┄┄┄▶ 중국어 '어순(주어–서술어–목적어)에 맞게 번역하기' 메시지를 보내고 기다리기 합니다.
목적어번역하기 ▼ 을(를) 보내고 기다리기 ┄┄┄

번역한문장 을(를) 3 초 동안 말하기 ┄┄┄▶ 번역한 문장을 화면에 출력합니다.

▶ 주어 번역하기

'번역한문장' 변수에는 번역한 중국어가 결합하여 저장됩니다.

주어번역하기 ▼ 을(를) 받았을 때 ┄┄┄
만약 번역할문장 에 나는 이(가) 포함되어 있나요? 이(가) 참이면
번역한문장 ▼ 을(를) 我 로(으로) 설정하기

중국어는 36쪽 방법 을 참고하여 넣으세요.

'주어번역하기' 메시지를 받았을 때, 문장의 주어가 "나는"이라면 '번역한문장' 변수에 "我"를 저장합니다.

Boy18

▶ 서술어 번역하기

서술어번역하기 ▼ 을(를) 받았을 때 ┄┄┄
만약 번역할문장 에 좋아해 이(가) 포함되어 있나요? 이(가) 참이면
번역한문장 ▼ 을(를) 번역한문장 와(과) 喜歡 을(를) 결합한 문자열 로(으로) 설정하기

'서술어번역하기' 메시지를 받았을 때, 문장의 서술어가 "좋아해"라면 '번역한문장' 변수에 "我喜歡"을 저장합니다.

▶ 목적어 번역하기

목적어번역하기 ▼ 을(를) 받았을 때 ┄┄┄
만약 번역할문장 에 너를 이(가) 포함되어 있나요? 이(가) 참이면
번역한문장 ▼ 을(를) 번역한문장 와(과) 你 을(를) 결합한 문자열 로(으로) 설정하기

'목적어번역하기' 메시지를 받았을 때, 문장의 목적어가 "너를"이라면 '번역한문장' 변수에 "我喜歡你"를 저장합니다.

③ 실행 결과 확인하기

• 을 클릭해서 입력 창을 띄웁니다.
• 입력 창에 한국어 문장을 입력하면, 중국어 문장으로 번역하여 출력합니다.

위 프로그램에서는 코드에 제시되어 있는 문장 외에
다른 문장을 번역할 수 없었어요. 여러 가지 언어로
다양한 문장을 번역할 수 있는 방법은 없을까요?

✔ 프로그래밍 체크 리스트

아래의 항목을 읽고, '예', '아니요'에 ∨로 표시해 보세요.

항목	예	아니요
'나는 너를 좋아해.'라는 문장 외에 다른 문장을 중국어로 번역할 수 있나요?	☐	☐
중국어 문장을 다른 사람의 도움 없이 바르게 발음하여 말할 수 있나요?	☐	☐

쏙쏙, 공부해 보자!

인공지능을 적용하기 위한 인공지능 API 활용 방법을 알아봅시다.

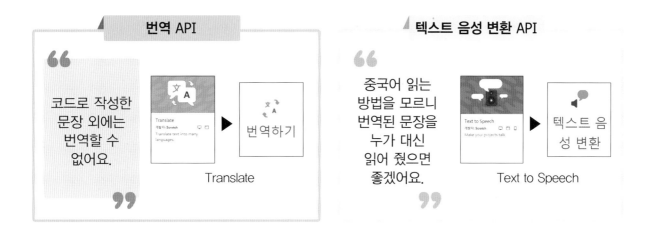

번역 API

" 코드로 작성한 문장 외에는 번역할 수 없어요. "

번역하기

Translate

텍스트 음성 변환 API

" 중국어 읽는 방법을 모르니 번역된 문장을 누가 대신 읽어 줬으면 좋겠어요. "

텍스트 음 성 변환

Text to Speech

1 번역 API 블록 알아보기

번역은 어떤 언어로 된 글을 다른 언어의 글로 옮겨 줍니다.

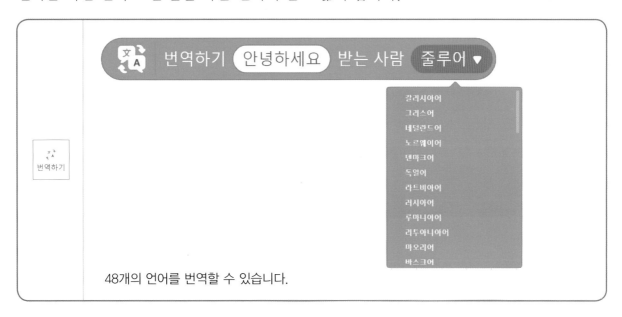

번역하기

번역하기 안녕하세요 받는 사람 줄루어 ▼

갈리시아어
그리스어
네덜란드어
노르웨이어
덴마크어
독일어
라트비아어
러시아어
루마니아어
리투아니아어
마오리어
바스크어

48개의 언어를 번역할 수 있습니다.

2 텍스트 음성 변환 API 블록 알아보기

음성 합성 기술을 이용해 다양한 언어의 문장을 읽어 줍니다.

| 텍스트 음 성 변환 | 언어를 로 설정 한국어 ▼ | 다양한 언어를 설정할 수 있고, 23개 언어를 지원합니다. |
| | 말할 안녕하세요 | 입력한 문장을 읽습니다. |

4 척척, 스스로 알아서 처리해!!

인공지능 API를 활용하여 문제를 해결해 봅시다.

예제 주소_ https://planet.mblock.cc/project/289350

인공지능 API 불러오기

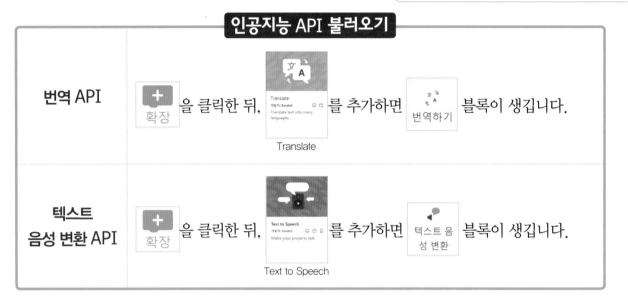

1 화면 구성하기

2 코드 작성하기

- 변수 — 변수 만들기 에서 '번역할문장', '번역한문장' 변수를 만듭니다.

▶ 한국어를 중국어로 번역하여 결과를 소리와 화면으로 출력하기

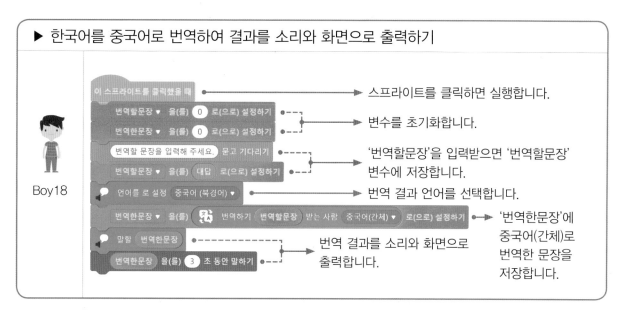

스프라이트를 클릭하면 실행합니다.

변수를 초기화합니다.

'번역할문장'을 입력받으면 '번역할문장' 변수에 저장합니다.

번역 결과 언어를 선택합니다.

'번역한문장'에 중국어(간체)로 번역한 문장을 저장합니다.

번역 결과를 소리와 화면으로 출력합니다.

▶ 중국어를 한국어로 번역하여 결과를 소리와 화면으로 출력하기

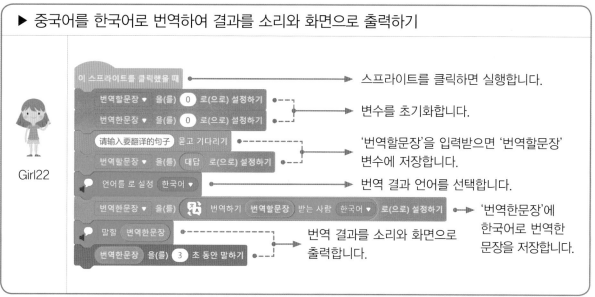

스프라이트를 클릭하면 실행합니다.

변수를 초기화합니다.

'번역할문장'을 입력받으면 '번역할문장' 변수에 저장합니다.

번역 결과 언어를 선택합니다.

'번역한문장'에 한국어로 번역한 문장을 저장합니다.

번역 결과를 소리와 화면으로 출력합니다.

③ 실행 결과 확인하기

중국어와 한국어 간에 번역하고 싶은 문장을 입력하고 결과를 소리와 화면으로 확인합니다.
(예 한국어 ➡ 중국어)

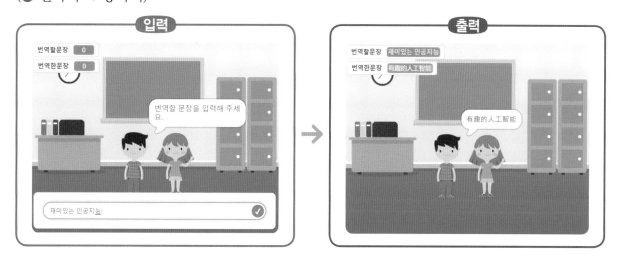

5 쑥쑥, 인공지능을 알게 돼!

이번 활동에서 적용한 인공지능에 대하여 정리해 봅시다.

✳ 인공지능의 번역 실력이 좋아진 이유는 무엇일까요?

인공지능 초기	초기의 번역 프로그램은 언어를 연구하는 전문가들이 언어의 규칙을 찾고, 직접 문장을 구분하며 번역한 결과물을 단순히 문장 성분의 순서에 따라 연결하는 수준에 머물렀어요. 하지만 이 세상에는 7000여 개가 넘는 언어가 존재하고, 이 언어의 모든 단어를 프로그램에 담아내기는 힘들 거예요. 만약 모든 단어를 담아낼 수 있다 하더라도 프로그램의 코드는 끝도 없이 길어질 거예요.
현재	오늘날에는 인터넷의 발달로 많은 정보를 공유하고 접할 수 있게 되었어요. 인공지능 역시 인터넷에 공유되어 있는 많은 번역 문서를 딥러닝 방식으로 비교하며 번역을 학습할 수 있게 되었어요. 인공지능의 번역 실력은 언어 전문가들이 만든 번역 프로그램보다 훨씬 더 좋은 성능을 보여 주고 있어요.

> 프로그래밍할 때 다른 나라 언어를 넣고 싶다면 구글 번역에 접속한 뒤, 번역하고 싶은 문장을 입력하고 결과를 확인할 수 있어요.

방법

1. 검색창에 '구글 번역'을 검색한 뒤, 구글 번역 사이트에 접속합니다.

2. 번역할 문장을 왼쪽 창에 입력하고, 언어를 설정하면 번역 결과를 바로 확인할 수 있습니다.

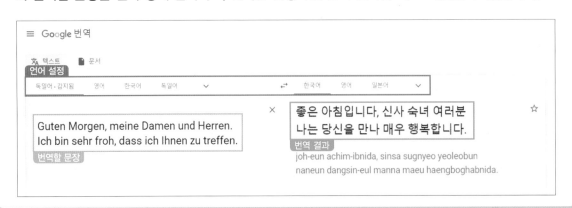

인공지능, 함께 생각해 봐요!

엉터리 번역

어느 텔레비전 프로그램의 출연자가 외국 음식점에서 음식을 주문하기 위해 번역기에 한국어로 "핫도그 세 개"를 입력하였더니 영어로 "hot dog world"라고 번역하는 재미있는 상황이 연출된 적이 있어요. 이런 번역 결과가 나온 이유는 무엇일까요? 직접 그 이유를 써 보고, 아래 내용과 비교해 보세요.

📖 한국어 "핫도그 세 개"에서 '세 개'가 영어로 'world', 즉 '세계'라고 번역된 이유는 무엇일까요?
인공지능의 성능은 학습 경험치에 좌우됩니다. 따라서 정확한 번역을 위해서는 한국어와 영어를 상호 번역한 데이터가 많아야 하고, 인공지능은 이러한 데이터를 충분히 학습할 수 있어야 합니다.

그렇다면 인공지능이 영어를 일본어로 번역했을 때와 한국어로 번역했을 때 어떤 나라 언어를 더 매끄럽게 잘 번역할까요? 안타깝게도 영어를 일본어로 번역했을 때 더 매끄럽게 번역합니다. 그 이유는 영어를 일본어로 번역한 데이터가 영어를 한국어로 번역한 데이터보다 훨씬 많아 인공지능의 학습 경험치에 차이가 발생하기 때문입니다.

이 세상에 존재하는 7000여 개의 언어 가운데 사용하는 인구가 1000명이 채 되지 않는 소수 언어는 1500여 개 정도라고 합니다. 이러한 소수 언어가 인공지능 번역 분야에서 소외되지 않을 수 있을까요?

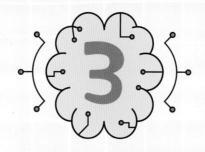

아빠, 안전 운전하세요

높게 기르기

핵심 역량: 도덕적 정서 능력

자신 및 타인의 감정을 인식하고 배려할 수 있는 능력을 키울 수 있습니다.

정확히 배우기

학습 목표

얼굴 표정을 인식하여 감정을 알아내고 소통하는 프로그램을 만들 수 있습니다.

깊게 이해하기

인공지능 학습 요소

감정 인식 API, 텍스트 음성 변환 API

 활동 전 넓게 생각해 보기

얼굴 표정을 인식하여 감정을 알아내는 프로그램을 사용한다면 어떨까요?

똑똑, 무슨 일이니?

햇님이는 아빠가 안전하게 버스를 운전하시도록 도와드리고 싶어요.

햇님이는 뉴스를 보고 버스를 운전하는 아빠가 걱정이 되었어요. 그래서 아빠가 안전하게 운전하실 수 있게 아빠가 슬퍼 보일 때 응원 메시지를 들려드리려고 해요. 어떤 방법이 좋을까요?

* 얼굴 표정을 인식하여 감정을 알아내는 프로그램을 만드는 과정을 살펴봅시다.

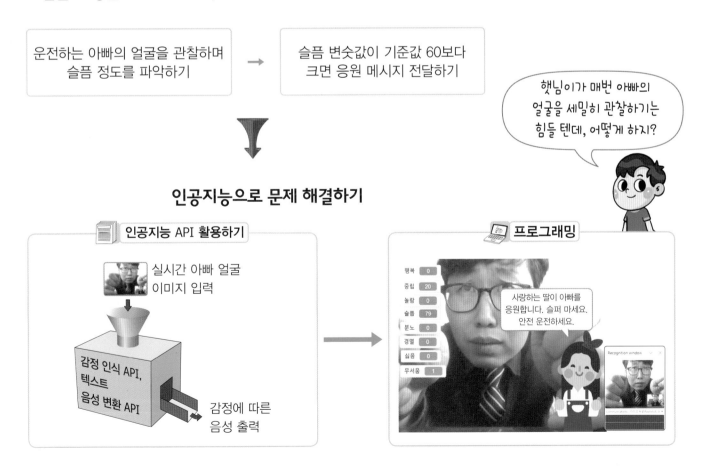

착착, 방법을 생각해!

문제 해결 방법을 생각해 보고, 그 방법에 따라 프로그램을 만들어 봅시다.

예제 주소_ https://planet.mblock.cc/project/289352

1 해결 방법 생각하기

① 아빠의 얼굴 표정을 보고 슬퍼 보이면 슬픈 감정의 정도를 표시합니다.

② 슬픈 감정의 기준에 따라 햇님이가 녹음한 응원 메시지를 글과 함께 음성으로 들려줍니다.

비디오 켜기 → 비디오 투명도를 '0'으로 설정하기 → 카메라를 활용하여 표정 파악하기 → 슬픔 감정을 읽고 감정 변수 조정하기 → 슬픔 변숫값이 60보다 크면 햇님이의 응원 메시지와 메시지를 녹음한 음성 재생하기

2 프로그래밍하기

① 화면 구성하기

결과 화면

슬픔 0

스프라이트

사람들

스프라이트
Girl9

X 106   Y -61

크기 200   방향 90

> 감정을 나타내는 표정이나 기준값은 정해진 것이 아니에요. 아래 표와 같이 각자 감정을 나타내는 표정을 표현해 보고 기준값을 설정해 보세요.

② 코드 작성하기

• 확장 클릭 을 추가하면 비디오 감지 블록이 생깁니다.

• 변수 — 변수 만들기 에서 '슬픔' 변수를 만듭니다. 화면

에 표시된 슬픔 0 변수 위에 마우스를 두고 오른쪽 버튼을 클릭하여 '슬라이더 사용하기'를 선택합니다.

• 소리 — pop▼ 소리를 끝까지 재생하기 / pop 레코드... 블록으로 메시지 내용을 미리 음성으로 녹음하여 '사랑하는 딸의 응원' 파일을 만듭니다.

슬픔 정도	슬픔 감정값
표정에 찡그림이 잠시 나타났다 사라지곤 함.	0~20
표정이 무겁고 눈썹 사이가 조금 가까워짐.	20~40
눈썹 사이가 매우 가까워지고 얼굴 근육이 떨림.	40~60
눈썹 사이와 얼굴 근육에 떨림이 있고 눈물이 맺힘.	60~80
눈물이 흘러내리고 몸 전체로 흐느낌이 나타남.	80~100

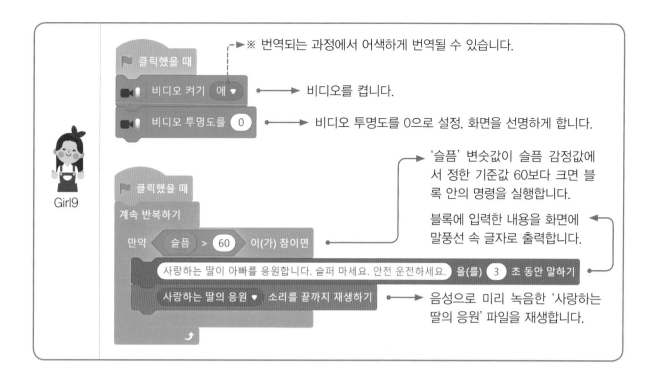

※ 번역되는 과정에서 어색하게 번역될 수 있습니다.

비디오를 켭니다.

비디오 투명도를 0으로 설정, 화면을 선명하게 합니다.

'슬픔' 변숫값이 슬픔 감정값에서 정한 기준값 60보다 크면 블록 안의 명령을 실행합니다.

블록에 입력한 내용을 화면에 말풍선 속 글자로 출력합니다.

음성으로 미리 녹음한 '사랑하는 딸의 응원' 파일을 재생합니다.

③ 실행 결과 확인하기

• ⚑을 클릭한 뒤, '슬픔' 변수 슬라이더를 마우스로 60보다 크게 조절합니다.
• 아빠를 응원하는 문자 메시지와 음성으로 녹음한 파일이 재생됩니다.

아빠가 슬픈지 매번 알아내는 것도 어렵고, 메시지를 음성으로 녹음하는 것도 번거로워요.

 프로그래밍 체크 리스트

아래의 항목을 읽고, '예', '아니요'에 ∨로 표시해 보세요.

항목	예	아니요
아빠의 얼굴 표정을 보고 슬픈 감정을 세밀하게 읽을 수 있나요?	☐	☐
햇님이가 문자 내용을 녹음하지 않고 바로 음성으로 들려줄 수 있나요?	☐	☐

쏙쏙, 공부해 보자!

인공지능을 적용하기 위한 인공지능 API 활용 방법을 알아봅시다.

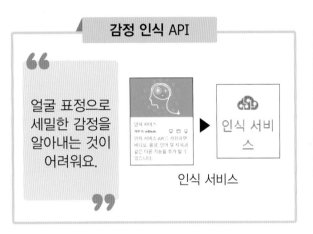

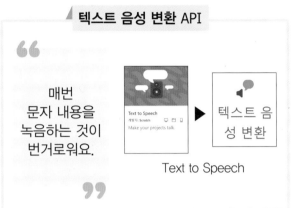

1 감정 인식 API 블록 알아보기

사람의 얼굴을 인식하여 감정을 파악해 주는 서비스로, 에서 감정 인식 블록을 사용합니다.

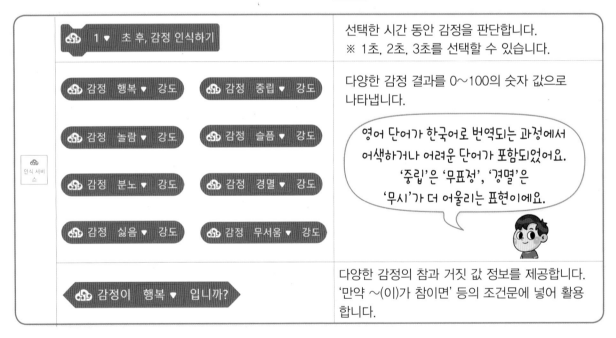

2 텍스트 음성 변환 API 블록 알아보기

음성 합성 기술을 이용해 다양한 언어의 문장을 읽어 줍니다.

4 척척, 스스로 알아서 처리해!!

인공지능 API를 활용하여 문제를 해결해 봅시다.

예제 주소_ https://planet.mblock.cc/project/289357

인공지능 API 불러오기

감정 인식 API	확장 을 클릭한 뒤, 인식 서비스 를 추가하면 인식 서비스 블록이 생깁니다.
텍스트 음성 변환 API	Text to Speech 를 추가하면 텍스트 음성 변환 블록이 생깁니다.

1 화면 구성하기

결과 화면 → 실행한 뒤의 결과 화면

스프라이트

사람들

행복	0
중립	6
놀람	1
슬픔	66
분노	0
경멸	0
싫음	0
무서움	26

사랑하는 딸이 아빠를 응원합니다. 슬퍼 마세요. 안전 운전하세요.

스프라이트
Girl9

X	Y
106	-61
크기	방향
200	90

2 코드 작성하기

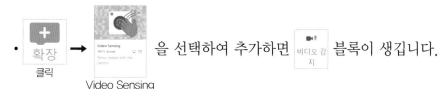

- 확장 클릭 → Video Sensing 을 선택하여 추가하면 비디오 감지 블록이 생깁니다.

- 변수 — 변수 만들기 에서 '행복', '중립', '놀람', '슬픔', '분노', '경멸', '싫음', '무서움' 변수를 만듭니다.

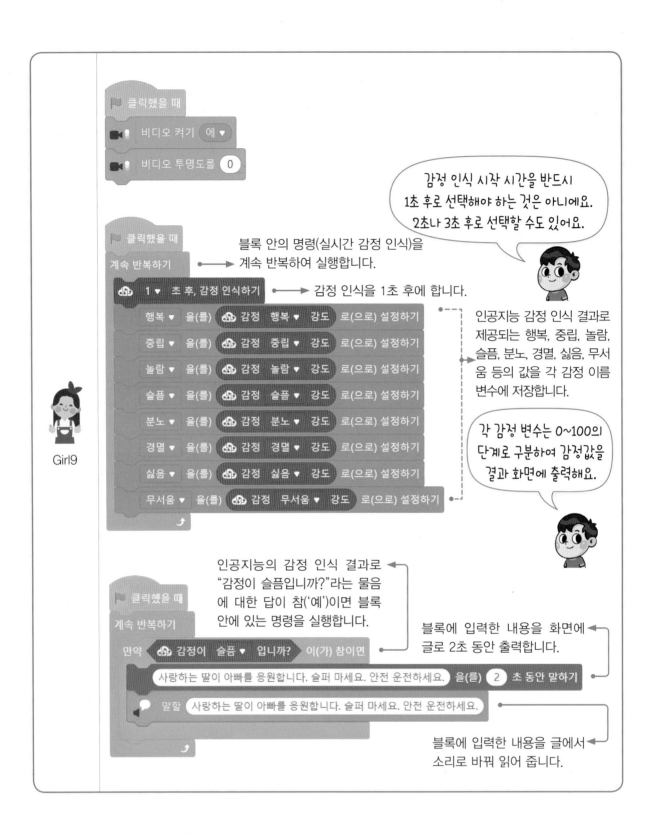

블록 안의 명령(실시간 감정 인식)을 계속 반복하여 실행합니다.

감정 인식을 1초 후에 합니다.

감정 인식 시작 시간을 반드시 1초 후로 선택해야 하는 것은 아니에요. 2초나 3초 후로 선택할 수도 있어요.

인공지능 감정 인식 결과로 제공되는 행복, 중립, 놀람, 슬픔, 분노, 경멸, 싫음, 무서움 등의 값을 각 감정 이름 변수에 저장합니다.

각 감정 변수는 0~100의 단계로 구분하여 감정값을 결과 화면에 출력해요.

Girl9

인공지능의 감정 인식 결과로 "감정이 슬픔입니까?"라는 물음에 대한 답이 참('예')이면 블록 안에 있는 명령을 실행합니다.

블록에 입력한 내용을 화면에 글로 2초 동안 출력합니다.

블록에 입력한 내용을 글에서 소리로 바꿔 읽어 줍니다.

3 실행 결과 확인하기

• 🏳을 클릭한 뒤, 컴퓨터 카메라 또는 웹캠에 슬픈 얼굴 표정을 비추면 화면에 "사랑하는 딸이 아빠를 응원합니다. 슬퍼 마세요. 안전 운전하세요."라는 말풍선이 나타나고 음성으로 들리는지 확인합니다.

5 쑥쑥, 인공지능을 알게 돼!

이번 활동에서 적용한 인공지능에 대하여 정리해 봅시다.

＊ 인공지능은 사람의 감정을 어떻게 알아차릴 수 있을까요?

인공지능에게 사람의 얼굴 표정과 그 표정이 나타내는 감정을 학습시키면, 인공지능은 그 뒤로 학습 과정에서 보지 못했던 사람의 얼굴에서도 감정을 읽어낼 수 있어요. 얼굴의 눈, 코, 입의 변화로 감정을 알아차릴 수도 있지요.

사람의 얼굴 표정으로 감정을 읽게 된 인공지능은 어디에 활용될까요?

이번 활동에서와 같이 자동차를 안전하게 운전하기 위해서는 운전자의 감정이 중요하기 때문에 사람의 얼굴 표정을 인식하여 감정을 파악하는 인공지능을 실제 자동차에 탑재하고 있답니다.

국내의 한 자동차 회사에서는 인공지능이 운전자의 감정을 분석해 그 감정 상태에서 들으면 좋을 만한 노래를 틀어 주거나 차량 실내조명을 바꾸는 기술을 선보이기도 했습니다.

인공지능, 함께 생각해 봐요!

인공지능 윤리

감정을 읽어 주는 인공지능

햇님이의 아빠는 인공지능의 도움으로 안전하게 운전할 수 있게 되었어요. 이러한 감정 인식 API는 햇님이의 아빠에게만 필요할까요? 여러분은 감정 인식 API를 누구를 위해, 어떻게 활용하고 싶은지 써 보고, 아래 내용과 비교해 보세요.

> 예 백화점이나 마트 판매원, 전화 상담원 등의 서비스 직종은 항상 손님들을 밝고 환한 모습으로 대해야 해요. 그래서 일부 고객들이 함부로 대해 마음에 큰 상처가 나더라도 감정을 드러내지 않고 꿋꿋이 일을 해야 하지요. 이처럼 감정으로 일을 하는 분들을 '감정 노동자'라고 해요. 그리고 이분들을 지켜 주기 위해 2018년 10월부터 감정노동자 보호법이 적용되었어요. 하지만 법이 있다 하더라도 감정 노동자들의 감정이 다치는 순간들을 모두 법을 적용해 보호할 수는 없을 거예요. 누군가가 그분들의 곁을 항상 지키며 관찰하는 것은 쉬운 일이 아니기 때문이죠.
>
> 이런 경우에 인공지능 감정 인식 API 서비스를 활용한다면 그분들의 감정을 실시간으로 살펴서 위로와 응원의 메시지를 보내 드릴 수 있지 않을까요?

친구야, 다시 볼 수 있어

높게 기르기

핵심 역량: 공동체 역량

이 활동을 통해 나눔과 배려를 실천하며
다른 사람과 더불어 조화롭게
살아가는 능력을 키울 수 있습니다.

정확히 배우기

학습 목표

시각 장애 학생을 위한
시각 보조 프로그램을
만들 수 있습니다.

깊게 이해하기

인공지능 학습 요소

이미지 묘사 API, 번역 API,
텍스트 음성 변환 API

 활동 전 넓게 생각해 보기

앞을 볼 수 없는 친구에게 컴퓨터가 주변 상황을 인식하여 음성으로 안내하는 프로그램을 선물한다면 어떨까요?

똑똑, 무슨 일이니?

눈이 보이지 않아 답답해 하는 친구에게 도움을 주고 싶어요.

친하게 지내던 친구와 우연히 마주쳤는데 그 아이가 저를 못 본 체해요. 전해들은 이야기로 는 친구가 사고로 시력을 잃었다고 해요. 친구가 잃어버린 세상을 다시 돌려줄 순 없을까요?

* 시력을 잃은 친구에게 컴퓨터가 주변 상황을 인식하여 음성으로 말해 주는 과정을 살펴봅시다.

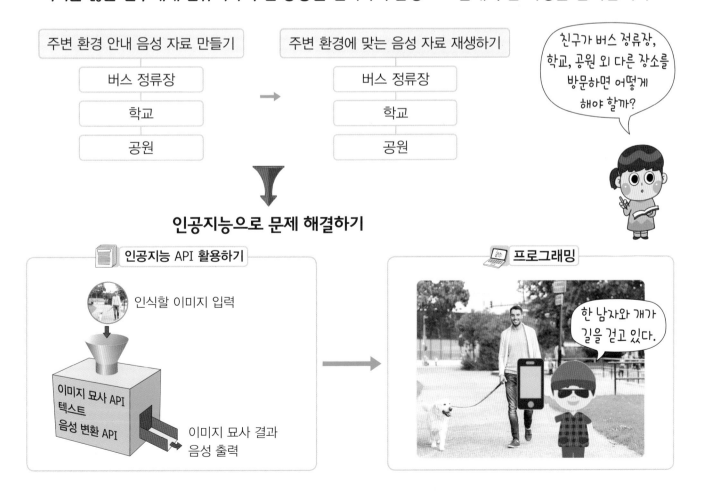

2 착착, 방법을 생각해!

문제 해결 방법을 생각해 보고, 그 방법에 따라 프로그램을 만들어 봅시다.

예제 주소_ https://planet.mblock.cc/project/289363

 1 해결 방법 생각하기

① 친구가 자주 방문하는 장소에 대한 정보를 미리 녹음하여 음성 안내 자료를 만듭니다.

② 친구가 자주 방문하는 장소에 도착하면 미리 녹음해 둔 음성 안내 자료를 재생합니다.

친구가 자주 방문하는
장소에 대한 정보 녹음하기 녹음해 둔 장소에 맞는
음성 안내 자료 재생하기

 2 프로그래밍하기

① 화면 구성하기

② 코드 작성하기

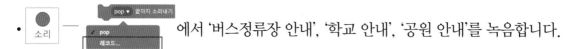

에서 '버스정류장 안내', '학교 안내', '공원 안내'를 녹음합니다.

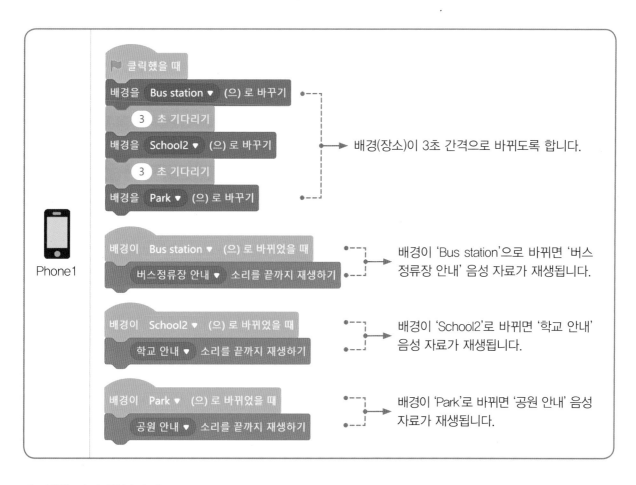

배경(장소)이 3초 간격으로 바뀌도록 합니다.

배경이 'Bus station'으로 바뀌면 '버스 정류장 안내' 음성 자료가 재생됩니다.

배경이 'School2'로 바뀌면 '학교 안내' 음성 자료가 재생됩니다.

배경이 'Park'로 바뀌면 '공원 안내' 음성 자료가 재생됩니다.

③ 실행 결과 확인하기

• 🚩을 클릭해서 입력 창을 띄웁니다.
• 배경(장소)에 맞게 미리 녹음한 음성 안내 자료를 출력합니다.

친구가 음성 자료가 준비되지 않은 장소를 방문하면 어떻게 해야 할까요?
또한 시시각각 변하는 주변 상황을 어떻게 감지할 수 있을까요?

✔ 프로그래밍 체크 리스트

아래의 항목을 읽고, '예', '아니요'에 ∨로 표시해 보세요.

항목	예	아니요
'버스정류장', '학교', '공원'이 아닌 다른 장소에서도 도움을 받을 수 있나요?	☐	☐
미리 녹음해 둔 정보 외 장소에 대한 실시간 정보를 음성으로 안내받을 수 있나요?	☐	☐

3 쏙쏙, 공부해 보자!

인공지능을 적용하기 위한 인공지능 API 활용 방법을 알아봅시다.

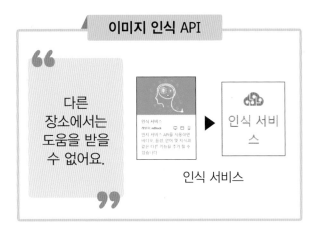

1 이미지 인식 API 블록 알아보기

인식 서비스는 컴퓨터가 특정 시간 동안 이미지를 인식한 뒤, 그것이 무엇인지 예상한 결과를 알려 줍니다. 이미지, 브랜드, 유명인, 랜드마크 등을 인식할 수 있습니다.

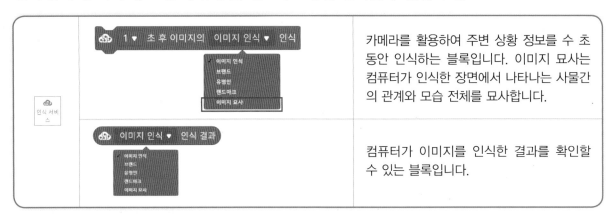

2 번역 API 블록 알아보기

인식 서비스의 이미지 묘사 결과는 영어로 제공되므로, 영어를 한국어로 번역합니다.

3 텍스트 음성 변환 API 블록 알아보기

음성 합성 기술을 이용해 다양한 언어의 문장을 읽어 줍니다.

4 척척, 스스로 알아서 처리해!!

인공지능 API를 활용하여 문제를 해결해 봅시다.

예제 주소_ https://planet.mblock.cc/project/289368

인공지능 API 불러오기

이미지 묘사 API	확장 을 클릭한 뒤, 인식 서비스 를 추가하면 인식 서비스 블록이 생깁니다.

번역 API 확장 을 클릭한 뒤, Translate 를 추가하면 번역하기 블록이 생깁니다.

텍스트 음성 변환 API 확장 을 클릭한 뒤, Text to Speech 를 추가하면 텍스트 음성 변환 블록이 생깁니다.

1 화면 구성하기

결과 화면

스프라이트

사람들   버팀대

스프라이트   스프라이트
Director1   Phone1

X	Y		X	Y
80	-100		0	-30
크기	방향		크기	방향
200	90		100	90

2 코드 작성하기

- 이벤트 ― '인공지능 이미지 묘사 시작', '인공지능 이미지 묘사 완료' 메시지를 만듭니다.

- 확장 → Video Sensing 을 추가하여 비디오 감지 블록을 사용할 수 있도록 준비합니다.

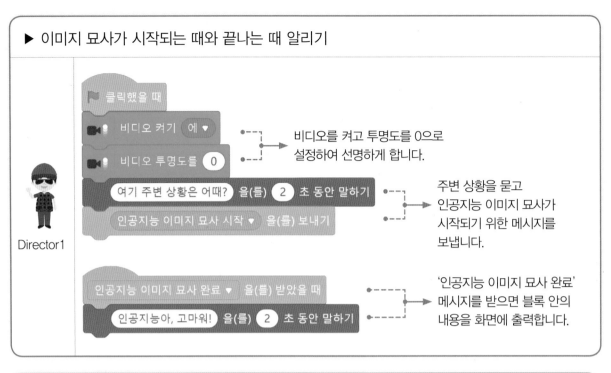

▶ 이미지 묘사가 시작되는 때와 끝나는 때 알리기

Director1

- 클릭했을 때
- 비디오 켜기 에 ▼
- 비디오 투명도를 0

→ 비디오를 켜고 투명도를 0으로 설정하여 선명하게 합니다.

- 여기 주변 상황은 어때? 을(를) 2 초 동안 말하기
- 인공지능 이미지 묘사 시작 ▼ 을(를) 보내기

→ 주변 상황을 묻고 인공지능 이미지 묘사가 시작되기 위한 메시지를 보냅니다.

- 인공지능 이미지 묘사 완료 ▼ 을(를) 받았을 때
- 인공지능아, 고마워! 을(를) 2 초 동안 말하기

→ '인공지능 이미지 묘사 완료' 메시지를 받으면 블록 안의 내용을 화면에 출력합니다.

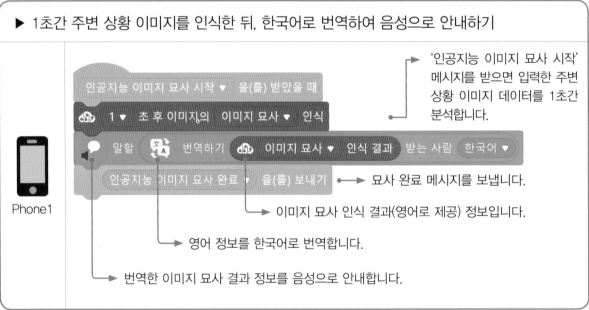

▶ 1초간 주변 상황 이미지를 인식한 뒤, 한국어로 번역하여 음성으로 안내하기

Phone1

- 인공지능 이미지 묘사 시작 ▼ 을(를) 받았을 때
- 1 ▼ 초 후 이미지의 이미지 묘사 ▼ 인식

→ '인공지능 이미지 묘사 시작' 메시지를 받으면 입력한 주변 상황 이미지 데이터를 1초간 분석합니다.

- 말할 번역하기 이미지 묘사 ▼ 인식 결과 받는 사람 한국어 ▼
- 인공지능 이미지 묘사 완료 ▼ 을(를) 보내기

→ 묘사 완료 메시지를 보냅니다.

→ 이미지 묘사 인식 결과(영어로 제공) 정보입니다.

→ 영어 정보를 한국어로 번역합니다.

→ 번역한 이미지 묘사 결과 정보를 음성으로 안내합니다.

3 실행 결과 확인하기

주변 상황 이미지를 입력한 뒤, 컴퓨터가 어떻게 인식하여 묘사하는지 확인해 봅시다.

입력 → 출력

한 남자와 개가 길을 걷고 있다.

5 쑥쑥, 인공지능을 알게 돼!

이번 활동에서 적용한 인공지능에 대하여 정리해 봅시다.

---

* 인공지능 이미지 묘사 API 사용 전과 사용 후를 비교해 볼까요?

사용 전

우리가 처음에 프로그래밍한 주변 상황 안내 프로그램은 친구가 평소에 자주 방문하는 장소에 대해 안내해요. 하지만 친구가 자주 들르는 장소는 학교, 공원, 버스정류장 외에도 많아서, 장소에 대한 안내를 일일이 다 코딩하기는 매우 번거롭고 어려워요. 그리고 그 장소의 풍경이나 주변 상황들이 시시각각 바뀔 수도 있어요.
결국에는 제가 항상 친구 옆에서 대신 세상을 보고 전해 주는 방법밖에는 없는 것 같아요.

사용 후

인공지능은 학습을 통해 마치 사람이 눈으로 세상을 보듯이 카메라로 세상을 인식시킬 수 있어요. 사물을 인식하는 알고리즘을 활용하여 친구 주변에 벌어지는 상황을 카메라로 인식시키고 결과를 알려 줄 수 있는 것이죠.
사람만이 할 수 있었던 일이었지만, 인공지능도 할 수 있게 되었어요.
이제부터는 인공지능 이미지 묘사 기능을 이용하여 친구에게 세상을 보여 줄 수 있어요.

인공지능, 함께 생각해 봐요! 인공지능 윤리

* 완벽하지 않은 인공지능

인공지능이 만약 위험한 물체와 위험하지 않은 물체를 분류하지 못한다면 시각 장애가 있는 친구는 어떤 일을 겪게 될까요? 인공지능이 모두에게 완벽하고 믿음직스럽기만 한가요? 여러분의 생각을 써 보고, 아래 내용과 비교해 보세요.

> **예** 인공지능은 학습한 내용이 많을수록 더 정확한 정보를 제공해요. 마치 어린아이보다 더 많은 경험을 쌓은 어른이 이를 토대로 상황을 더 정확히 인지하는 것처럼요. 사람들은 인공지능이 잘 학습할 수 있도록 많은 양의 데이터를 정리하여 준비했어요. 하지만 인공지능이 충분히 학습하지 못할 수 있기 때문에 인공지능이 모든 것을 정확하게 인식하고 판단할 수 있다고 생각해선 안돼요.

제2부

기계 학습 체험하기

● LIVE

인공지능도 학습할수록 점점 더 똑똑해진대.

뭐? 인공지능이 사람처럼 스스로 학습을 한다고?

▶ ▶| 🔊

⚙ ▭ ⛶

기계 학습을 경험해요

인공지능 연구의 목표는 사람처럼 생각하고 스스로 행동할 수 있는 기계를 만드는 거예요. 처음에는 사람들의 지식을 컴퓨터가 알 수 있는 규칙으로 표현하여 인공지능 학습을 시도했지만, 규칙으로 표현하는 것으로는 엄청나게 다양한 현실 문제를 모두 해결하기 어려웠어요. 그래서 컴퓨터에게 충분한 자료를 주고 스스로 규칙을 찾아 학습하여 문제를 해결하도록 하였어요.

활동명	인공지능 학습 요소
5. 서랍 속 편지는 누가 썼을까	훈련 데이터, 테스트 데이터
6. 문어, 꼭꼭 숨어라	지도 학습
7. 반찬은 골고루가 좋아	분류
8. 누가 그린 그림일까	신뢰도
9. 얼굴형이 궁금해요	일반화
10. 꽃 이름이 뭘까	이진 분류, 다중 분류
11. 입 모양을 읽어요	정확도
12. 손으로 말해요	인공지능 프로젝트 개발 과정

엠블록으로 기계를 학습시키는 방법 중의 한 가지인 지도 학습을 경험합니다. 정답이 있는 데이터를 정답과 함께 학습시키면 기계는 데이터의 특징을 스스로 찾아냅니다. 학습이 완료되고 새로운 데이터가 입력되면 특징을 발견하여 답을 예측할 수 있습니다.

기계가 스스로 학습을 한다고요

컴퓨터는 데이터에서 찾은 특징으로 규칙을 만듭니다. 기계가 데이터를 통해 스스로 학습한다는 의미로 **기계 학습**이라고 말합니다.

성식아! 우리 로봇 만들어 볼까?

우선 블록을 정리해야 할 것 같아.

어떻게 정리하면 될까?

블록의 모양, 색, 크기와 같은 특징을 찾아 분류해 보자.

크기가 큰 것과 작은 것… 노랑, 파랑, 초록…

다양한 크기나 색깔로 구분할 수 있겠네.

그것보다 삼각기둥, 사각기둥, 원기둥 모양으로 정리하는 게 좋겠어.

서랍 속 편지는 누가 썼을까

높게 기르기

정확히 배우기

핵심 역량: 의사소통 역량

이 활동을 통해 자신의 생각과 감정을 효과적으로 표현하여 다른 사람과 원만한 관계를 형성할 수 있는 능력을 키울 수 있습니다.

학습 목표

글씨체를 인식하여 누가 쓴 글씨인지 예측하는 프로그램을 만들 수 있습니다.

깊게 이해하기

인공지능 학습 요소

훈련 데이터, 테스트 데이터

 활동 전 넓게 생각해 보기

누가 쓴 글씨인지 예측하는 프로그램을 사용한다면 어떤 점이 좋을까요?

1 똑똑, 무슨 일이니?

태환이는 자기에게 편지를 쓴 친구가 누구인지 궁금해요.

태환이의 책상 서랍에는 종종 응원의 메시지가 담긴 편지가 놓여 있어요. 때로는 태환이가 신나 했던 일에 함께 즐거워하기도 하고, 때로는 친구와 다퉈 속상한 태환이를 위로해 주기도 해요.

* 누가 쓴 글씨인지 예측하는 프로그램을 만드는 과정을 살펴봅시다.

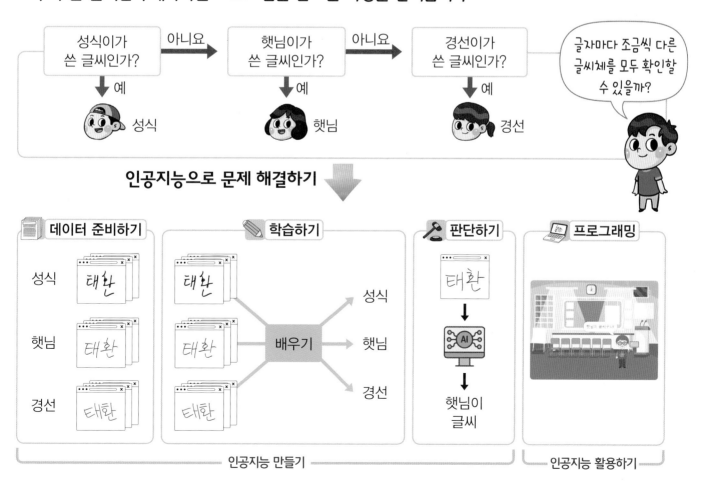

2 착착, 방법을 생각해!

문제 해결 방법을 생각해 보고, 그 방법에 따라 프로그램을 만들어 봅시다.

예제 주소_ https://planet.mblock.cc/project/289388

1 해결 방법 생각하기

① 편지를 썼을 거라고 생각되는 친구들의 글씨체와 비슷한 글자 모양의 스프라이트를 선택합니다.

② 선택한 글자 모양의 스프라이트를 각각 누가 쓴 것인지 정합니다.

 'A'를 쓴
성식이 글씨

'A'를 쓴
햇님이 글씨

'A'를 쓴
경선이 글씨

③ 누가 쓴 글씨인지 조건문을 이용하여 확인합니다.

글씨 모양 확인하기 ➡️ 결과 확인하기

> 먼저, 프로그램에 있는 글자 모양 스프라이트를 활용하여 프로그래밍 과정을 살펴보세요.

2 프로그래밍하기

① 화면 구성하기

결과 화면

스프라이트

사람들

스프라이트
Programmer

X	Y
126	-77

크기	방향
100	90

아이콘

스프라이트
ZPixel-A

X	Y
-13	81

크기	방향
100	90

배경

학교

classroom1

⬇️

글자 모양 추가하기

 스프라이트 – [🖌️ 모양] – [모양 추가] – 다른 모양
(ZBlock–a, ZGlow–A)을 추가합니다.

스프라이트	모양 추가1	모양 추가2
ZPixel-A	ZBlock-a	ZGlow-A

② 코드 작성하기

- 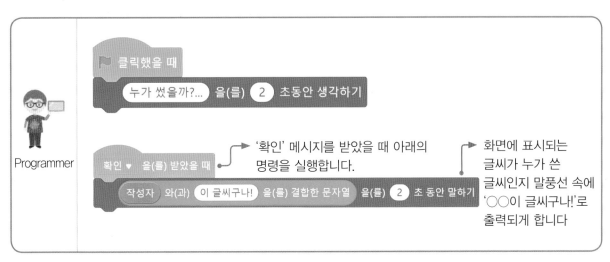 변수 — 변수 만들기 에서 '작성자' 변수를 만듭니다.

- 이벤트 —'확인' 메시지를 만듭니다.

Programmer

클릭했을 때
누가 썼을까?... 을(를) 2 초동안 생각하기

확인 ▼ 을(를) 받았을 때
작성자 와(과) 이 글씨구나! 을(를) 결합한 문자열 을(를) 2 초 동안 말하기

'확인' 메시지를 받았을 때 아래의
명령을 실행합니다.

화면에 표시되는
글씨가 누가 쓴
글씨인지 말풍선 속에
'○○이 글씨구나!'로
출력되게 합니다

ZPixel-A

클릭했을 때
모양을 zPixel-A ▼ (으) 로 바꾸기
숨기기
3 번 반복하기
2 초 기다리기
만약 모양 번호 ▼ = 1 이(가) 참이면
작성자 ▼ 을(를) 성식 로(으로) 설정하기

zPixel-A
27 × 37

글자의 모양 번호가
1이면 '작성자' 변수에
성식을 저장합니다.

만약 모양 번호 ▼ = 2 이(가) 참이면
작성자 ▼ 을(를) 햇님 로(으로) 설정하기

ZBlock-a
61 × 80

글자의 모양 번호가
2이면 '작성자' 변수에
햇님을 저장합니다.

만약 모양 번호 ▼ = 3 이(가) 참이면
작성자 ▼ 을(를) 경선 로(으로) 설정하기

ZGlow-A
74 × 75

글자의 모양 번호가
3이면 '작성자' 변수에
경선을 저장합니다.

보이기
확인 ▼ 을(를) 보내고 기다리기
다음 모양으로 바꾸기

누가 쓴 글씨인지 'Programmer'가
말하도록 '확인' 메시지를 보내고
기다립니다.

③ 실행 결과 확인하기

• ▶을 클릭하면 2초 후에 글자 스프라이트가 나타나고, 누구의 글씨인지 정확히 판단하는지 확인합니다.

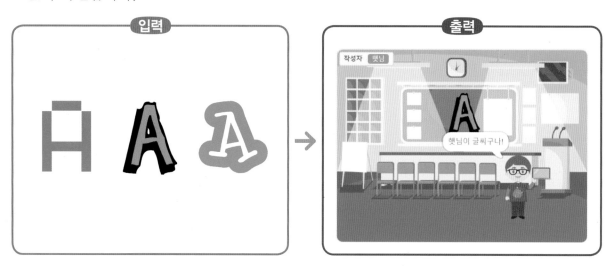

직접 쓴 글씨체로 스프라이트 만들기

① 스프라이트 를 선택하고 ⊕ 추가 버튼을 누릅니다.

② 스프라이트 추가 창이 열리면, ✕ 그림판 을 선택합니다.

③ 🖌을 선택하여 직접 쓴 글씨를 스프라이트로 만듭니다.

실제 친구들의 글씨체를 스프라이트로 만들어서 프로그래밍해 보세요.

사람마다 글씨체가 너무나 다양하고,
같은 사람이 쓰더라도 쓸 때마다 글씨 모양이 조금씩 달라서
이렇게 하나하나 직접 프로그래밍하는 게 힘들어요.

✔프로그래밍 체크 리스트

아래의 항목을 읽고, '예', '아니요'에 ∨로 표시해 보세요.

항목	예	아니요
같은 사람이 쓴 글씨 모양이 조금 달라져도 작성한 사람을 판단할 수 있나요?	☐	☐
세 친구들이 쓴 글자의 글씨 모양을 모두 파악하여 설정할 수 있나요?	☐	☐

3 쏙쏙, 공부해 보자!

인공지능을 적용하기 위해 컴퓨터를 학습시켜 봅시다.

---

* 컴퓨터에게 손 글씨를 학습시킨 다음, 편지 쓴 사람을 판단하는 과정을 확인해 봅시다.

인공지능 학습 [알고리즘]

데이터 준비하기	학습하기	판단하기
글씨를 쓴 사람별로 손 글씨 데이터를 분류하여 준비합니다.	쓴 사람별로 분류한 손 글씨 데이터를 정답(쓴 사람의 이름)과 함께 학습시킵니다.	학습시키지 않은 손 글씨 데이터를 카메라에 비춰 나온 결과가 정답과 같은지 확인합니다.

> 149~160쪽에 있는 빈 카드를 활용하여 굵기, 크기, 색 등 다르게 쓴 친구들의 손 글씨 데이터를 준비해 보세요.

* 인공지능 학습 알고리즘에 따라 컴퓨터를 학습시켜 봅시다.

 1 데이터 준비하기

친구들의 손 글씨 데이터를 아래와 같이 ☐ 부분과 ☐ 부분으로 분류하여 준비합니다.

성식이의 손 글씨

햇님이의 손 글씨

경선이의 손 글씨

 **학습하기**

준비한 세 가지 손 글씨 데이터에서 ☐ 안의 데이터를 빼고 나머지 ☐ 안의 데이터를 학습시킵니다.

① [＋확장] — [기계 학습] (기계 학습)을 추가하고, [TM ●] — [학습 모델]을 선택합니다.

② [새로운 모델 만들기]를 선택한 뒤, 모델 카테고리 수에 '3'을 입력하고 확인을 누릅니다.

③ 목록 이름을 입력하고 카메라로 이미지를 인식한 뒤, [배우기]를 누릅니다.

문제	학습	정답
태환	성식 / 60% / 배우기	결과 성식
태환	햇님 / 70% / 배우기	결과 햇님
태환	경선 / 30% / 배우기	결과 경선

※ 모든 카테고리별 [배우기]가 끝나면 [TM ●] 블록 꾸러미에 [인식 결과], [성식 ▼ 의 신뢰도], [인식 결과는 성식 ▼ 입니까?] 블록이 생기며, ③ [판단하기] 과정 후에 [모델 사용]을 선택하면 화면에서 블록이 보입니다.

3 판단하기

학습시키지 않은 ☐ 안의 데이터를 인식시켜 정답과 같으면 ○, 다르면 ×에 ○표 해 봅시다.

학습시키지 않은 문제	태환	태환	태환
학습시키지 않은 문제의 정답	성식	햇님	경선
[학습 모델] 결과	○, ×	○, ×	○, ×

※ 학습이 잘되었으면 [모델 사용]을 선택하여 편집 화면으로 이동합니다.

4 척척, 스스로 알아서 처리해!!

인공지능을 적용하여 문제를 해결해 봅시다.

예제 주소_ https://planet.mblock.cc/project/289394

* 편지지에 적힌 글을 카메라에 비춰 누가 썼는지 맞히는 프로그램을 만들어 봅시다.

 1 화면 구성하기

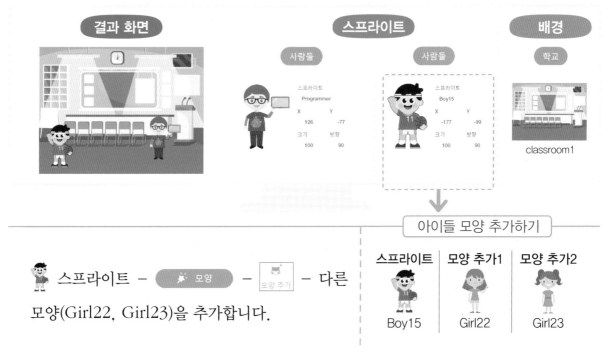

결과 화면	스프라이트	배경
사람들	사람들	학교

스프라이트 Programmer
X 126 Y -77
크기 100 방향 90

스프라이트 Boy15
X -177 Y -99
크기 100 방향 90

classroom1

아이들 모양 추가하기

스프라이트	모양 추가1	모양 추가2
Boy15	Girl22	Girl23

스프라이트 – 모양 – 모양 추가 – 다른
모양(Girl22, Girl23)을 추가합니다.

2 코드 작성하기

- 변수 — 변수 만들기 를 선택하고 '작성자' 변수를 만듭니다.
- 이벤트 — '편지' 메시지를 만듭니다.

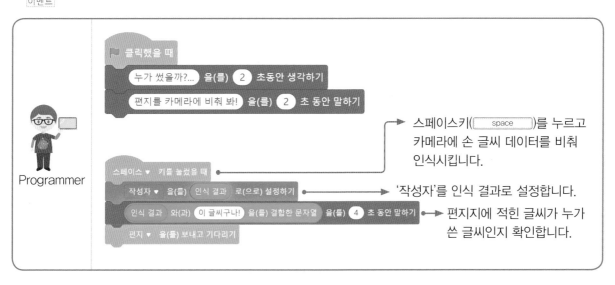

Programmer

클릭했을 때
누가 썼을까?... 을(를) 2 초동안 생각하기
편지를 카메라에 비춰 봐! 을(를) 2 초 동안 말하기

스페이스 ▼ 키를 눌렀을 때
작성자 ▼ 을(를) 인식 결과 로(으로) 설정하기
인식 결과 와(과) 이 글씨구나! 을(를) 결합한 문자열 을(를) 4 초 동안 말하기
편지 ▼ 을(를) 보내고 기다리기

→ 스페이스키(space)를 누르고
카메라에 손 글씨 데이터를 비춰
인식시킵니다.

→ '작성자'를 인식 결과로 설정합니다.

→ 편지지에 적힌 글씨가 누가
쓴 글씨인지 확인합니다.

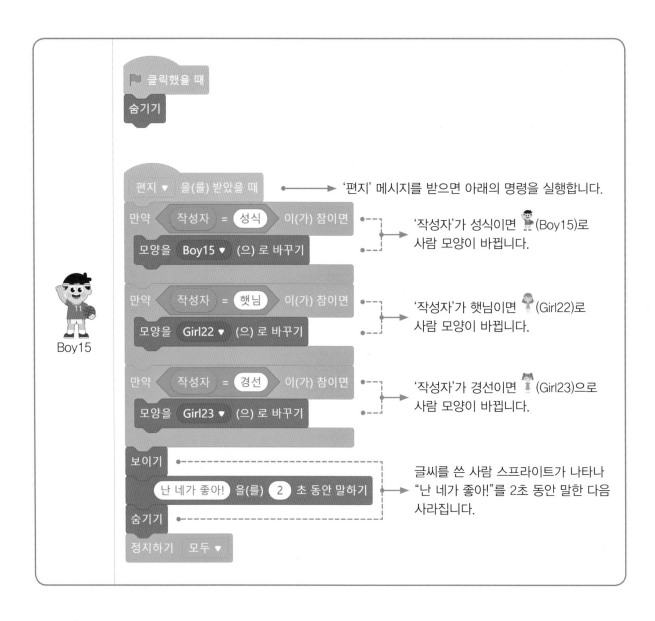

'편지' 메시지를 받으면 아래의 명령을 실행합니다.

'작성자'가 성식이면 🧑(Boy15)로 사람 모양이 바뀝니다.

'작성자'가 햇님이면 👧(Girl22)로 사람 모양이 바뀝니다.

'작성자'가 경선이면 👧(Girl23)으로 사람 모양이 바뀝니다.

글씨를 쓴 사람 스프라이트가 나타나 "난 네가 좋아!"를 2초 동안 말한 다음 사라집니다.

③ 실행 결과 확인하기

- ▶을 클릭했을 때 '누가 썼을까?...'가 생각 주머니 형태로 나타났다가 사라진 뒤, "편지를 카메라에 비춰 봐!"가 말풍선 형태로 나타났다가 사라지는지 확인합니다.
- 스페이스키를 누른 뒤, 편지에 적힌 글을 컴퓨터 카메라에 비추었을 때 "○○이 글씨구나!"라는 말풍선이 나타나는지 확인합니다.
- 편지를 쓴 사람을 나타내는 인물 스프라이트가 "난 네가 좋아!"라는 말풍선과 함께 나타나는지 확인합니다.

> 누구의 글씨체인지 잘 구별하나요?
> 그렇지 않다면 더 많은 손 글씨 데이터를 학습시켜 보세요.

5 쑥쑥, 인공지능을 알게 돼!

이번 활동에서 적용한 인공지능에 대하여 정리해 봅시다.

✳ 인공지능 [학습 모델] 에서 데이터를 구분하여 사용한 까닭은 무엇일까요?

문제	태환	태환	태환	태환	태환	태환
	태환	태환	태환	태환	태환	태환
	태환	태환	태환	태환	태환	태환
	태환	태환	태환	태환	태환	태환
	태환	태환	태환	태환	태환	태환

정답 | 😊 성식 | 😊 햇님 | 😊 경선

왼쪽 그림의 문제 영역에서 ☐와 ☐ 색으로 데이터를 구분하여 사용하였습니다. 왜 그랬을까요?

예를 들어, 여러분이 시험공부를 하기 위해 예상 문제와 정답을 열심히 학습하는 경우, 학습한 예상 문제와 정답이 ☐ 영역의 데이터에 해당합니다.

인공지능에서는 ☐ 영역의 데이터를 **훈련 데이터**라고 합니다.

만약 공부했던 예상 문제와 정답으로만 평가를 한다면 어떻게 될까요? 제대로 학습했는지 알 수 없습니다. 즉 컴퓨터가 잘 학습했는지 확인하려면 학습시키지 않는 ☐ 영역의 문제를 물어 학습 모델에서 답한 결과와 실제 정답을 비교해야 합니다. 같다면 학습이 잘되었다고 할 수 있습니다.

인공지능에서는 ☐ 영역의 데이터를 **테스트 데이터**라고 합니다.

인공지능, 함께 생각해 봐요!
인공지능 윤리

인공지능 목적과 필요성
누구의 글씨인지 판단하는 프로그램이 항상 좋을지 햇님이의 입장에서 생각하여 적어 봅시다.

내가 편지를 받은 태환 😊 이라면	내가 편지를 쓴 햇님 😊 이라면
예) 나를 위해 계속 편지를 써 주는 친구가 누구인지 너무 궁금했는데, 편지 속의 글씨체로 편지를 쓴 사람이 '햇님'이라는 것을 알려 준 인공지능 프로그램이 너무 고마웠어요.	

6

문어, 꼭꼭 숨어라

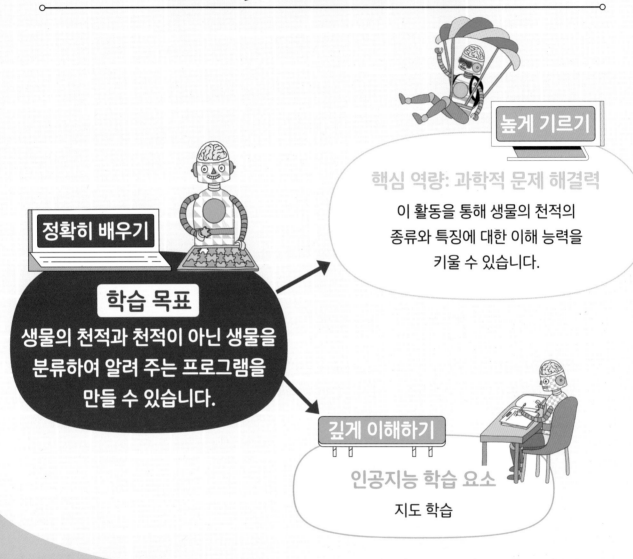

정확히 배우기

학습 목표

생물의 천적과 천적이 아닌 생물을 분류하여 알려 주는 프로그램을 만들 수 있습니다.

높게 기르기

핵심 역량: 과학적 문제 해결력

이 활동을 통해 생물의 천적의 종류와 특징에 대한 이해 능력을 키울 수 있습니다.

깊게 이해하기

인공지능 학습 요소

지도 학습

🎥 **활동 전 넓게 생각해 보기**

인공지능을 학습시키는 데 사용할 데이터에 잘못된 데이터가 포함되어 있다면 어떤 일이 생길까요?

똑똑, 무슨 일이니?

바다에서 유유히 헤엄치던 문어 주변에 문어의 천적이 나타났어요.

문어는 천적이 나타나면 몸빛을 주변 환경과 비슷하게 바꾸는 위장술의 달인이에요. 문어가 빠르게 위장할 수 있도록 지나가는 물고기가 천적인지 아닌지 알려 주면 어떨까요?

＊ 천적이 다가오면 문어가 위장술을 펼치는 과정을 살펴봅시다.

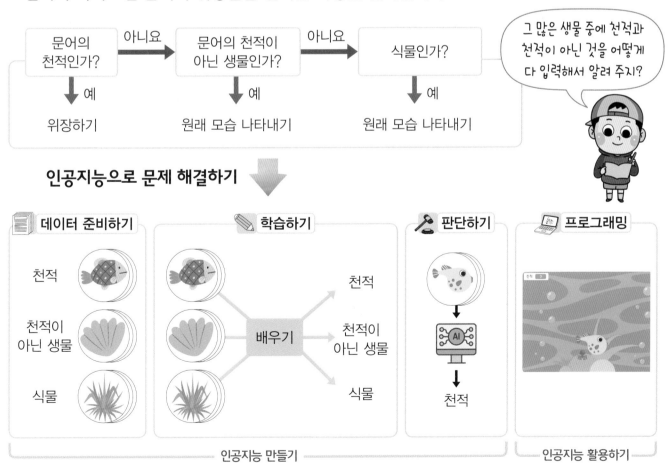

# 2 착착, 방법을 생각해!

문제 해결 방법을 생각해 보고, 그 방법에 따라 프로그램을 만들어 봅시다.

예제 주소_ https://planet.mblock.cc/project/289397

1 **해결 방법 생각하기**

① 문어의 천적과 천적이 아닌 생물, 식물 4개의 이미지를 선택하고 각각 아래와 같이 구분합니다.

모양 번호 1	모양 번호 2	모양 번호 3	모양 번호 4
천적	천적이 아닌 생물	천적	식물

② 위 4개의 이미지가 랜덤으로 나타나고, 문어에게 천적을 구분하는 '위장술' 메시지를 보냅니다.

③ '위장술' 메시지를 받았을 때, 랜덤으로 나타난 생물이 천적이면 문어의 몸 크기와 몸빛이 변하고, 천적이 아니면 원래 모습을 나타냅니다.

2 **프로그래밍하기**

① 화면 구성하기

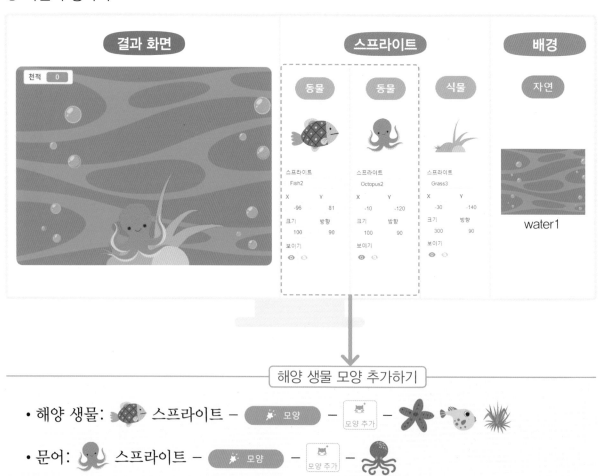

② 코드 작성하기

- 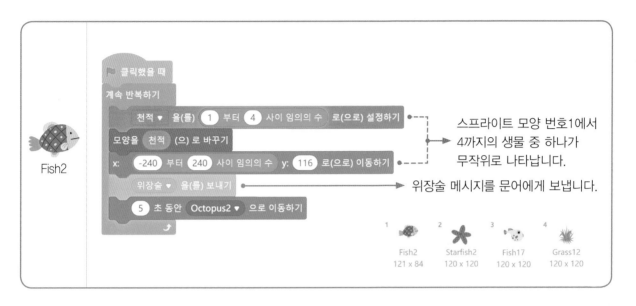 — [변수 만들기] 에서 '천적' 변수를 만듭니다.

- ⬤ — '위장술' 메시지를 만듭니다.

Fish2

```
🏳 클릭했을 때
계속 반복하기
  천적 ▼ 을(를) 1 부터 4 사이 임의의 수 로(으로) 설정하기
  모양을 천적 (으)로 바꾸기
  x: -240 부터 240 사이 임의의 수 y: 116 로(으로) 이동하기
  위장술 ▼ 을(를) 보내기
  5 초 동안 Octopus2 ▼ 으로 이동하기
```

스프라이트 모양 번호1에서
4까지의 생물 중 하나가
무작위로 나타납니다.

위장술 메시지를 문어에게 보냅니다.

1 Fish2 121 x 84
2 Starfish2 120 x 120
3 Fish17 120 x 120
4 Grass12 120 x 120

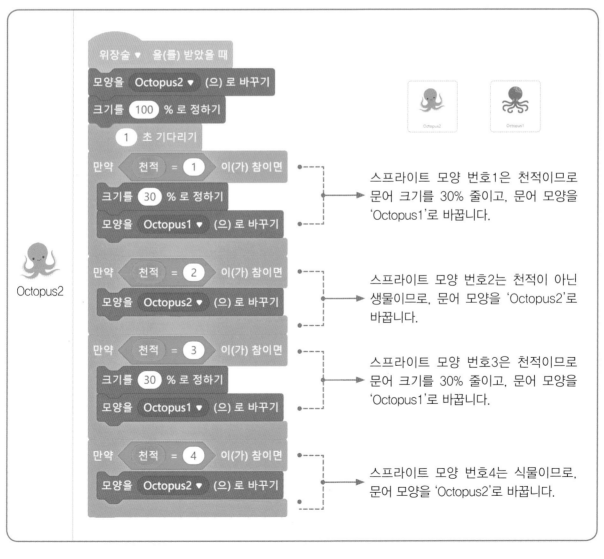

Octopus2

```
위장술 ▼ 을(를) 받았을 때
모양을 Octopus2 ▼ (으)로 바꾸기
크기를 100 % 로 정하기
1 초 기다리기
만약 천적 = 1 이(가) 참이면
  크기를 30 % 로 정하기
  모양을 Octopus1 ▼ (으)로 바꾸기
만약 천적 = 2 이(가) 참이면
  모양을 Octopus2 ▼ (으)로 바꾸기
만약 천적 = 3 이(가) 참이면
  크기를 30 % 로 정하기
  모양을 Octopus1 ▼ (으)로 바꾸기
만약 천적 = 4 이(가) 참이면
  모양을 Octopus2 ▼ (으)로 바꾸기
```

Octopus2   Octopus1

스프라이트 모양 번호1은 천적이므로
문어 크기를 30% 줄이고, 문어 모양을
'Octopus1'로 바꿉니다.

스프라이트 모양 번호2는 천적이 아닌
생물이므로, 문어 모양을 'Octopus2'로
바꿉니다.

스프라이트 모양 번호3은 천적이므로
문어 크기를 30% 줄이고, 문어 모양을
'Octopus1'로 바꿉니다.

스프라이트 모양 번호4는 식물이므로,
문어 모양을 'Octopus2'로 바꿉니다.

③ 실행 결과 확인하기

- 천적, 천적이 아닌 생물, 식물 데이터를 올바르게 구분하여 입력합니다.
- 천적 스프라이트가 나타나면, 문어 스프라이트가 모양을 바꿉니다.

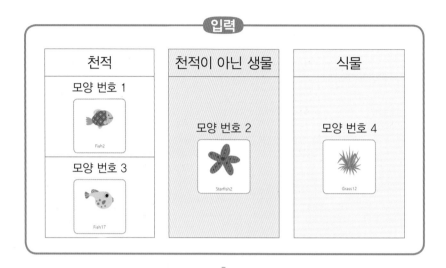

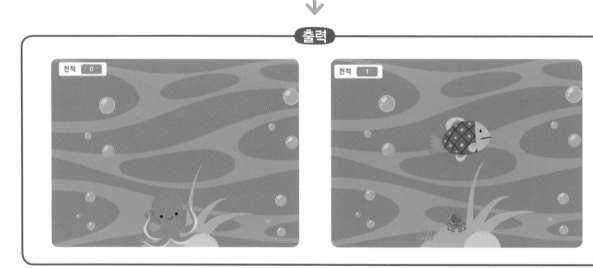

문어의 천적은 셀 수 없이 많아요!
문어에게 천적과 천적이 아닌 생물을
더 많이 알려 줘야 할 것 같아요!

✔ 프로그래밍 체크 리스트

아래의 항목을 읽고, '예', '아니요'에 ∨로 표시해 보세요.

항목	예	아니요
입력한 4가지 생물 데이터가 천적인지 아닌지 문어가 구분할 수 있었나요?	☐	☐
문어가 4가지 생물 데이터 외에 다른 생물 데이터가 천적인지 아닌지 구분할 수 있을까요?	☐	☐

쏙쏙, 공부해 보자!

인공지능을 적용하기 위해 컴퓨터를 학습시켜 봅시다.

＊ 컴퓨터에게 문어의 천적과 천적이 아닌 생물을 학습시켜서 구별하는 과정을 확인해 봅시다.

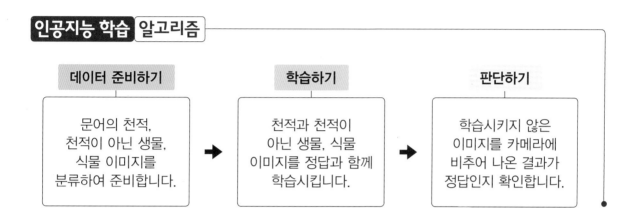

＊ 인공지능 학습 알고리즘에 따라 컴퓨터를 학습시켜 봅시다.

1 데이터 준비하기

생물 이미지 데이터를 분류하여 준비합니다.

 **2 학습하기**

준비한 세 가지 생물 이미지 데이터에서 각각 1개씩을 빼고 나머지를 학습시킵니다.

①  (기계 학습)을 추가하고, TM — 학습 모델 을 선택합니다.

② 새로운 모델 만들기 를 선택한 뒤, 모델 카테고리 수에 '3'을 입력하고 확인을 누릅니다.

③ 목록 이름을 입력하고 카메라로 생물 이미지를 인식한 뒤, 배우기 를 누릅니다.

문제	학습	정답
	9예시 천적 80% 배우기	결과 천적
	9예시 천적이아닌생물 60% 배우기	결과 천적이아닌생물
	9예시 식물 90% 배우기	결과 식물

※ 모든 카테고리별 배우기 가 끝나면 TM 블록 꾸러미에 인식 결과 , 천적 ▼ 의 신뢰도 , 인식 결과는 천적 ▼ 입니까? 블록이 생깁니다.

3 판단하기

학습시키지 않은 데이터를 인식시켜 정답과 같으면 ○, 다르면 ×에 ○표 해 봅시다.

학습시키지 않은 문제			
학습시키지 않은 문제의 정답	천적	천적이 아닌 생물	식물
학습 모델 결과	○, ×	○, ×	○, ×

※ 학습이 잘되었으면 모델 사용 을 선택하여 편집 화면으로 이동합니다.

척척, 스스로 알아서 처리해!!

인공지능을 적용하여 문제를 해결해 봅시다.

예제 주소_ https://planet.mblock.cc/project/289440

✳ 카메라에 비춘 생물이 문어의 천적이면 문어가 위장하는 프로그램을 만들어 봅시다.

 1 화면 구성하기

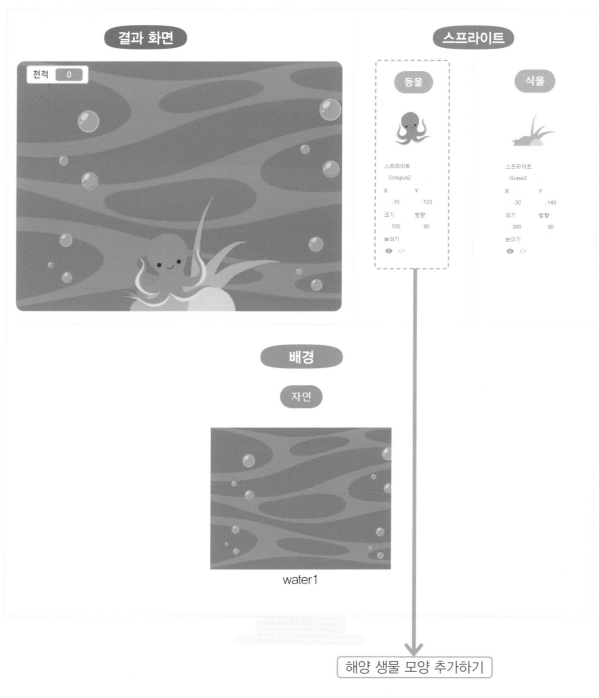

 **2 코드 작성하기**

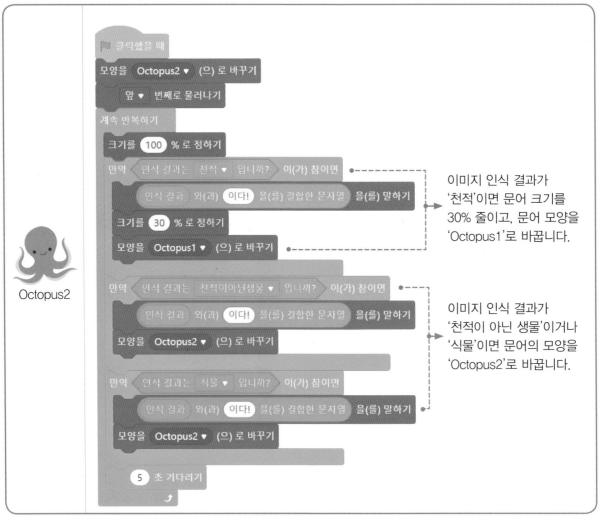

```
클릭했을 때
모양을 Octopus2 ▼ (으)로 바꾸기
앞 ▼ 번째로 물러나기
계속 반복하기
    크기를 100 % 로 정하기
    만약  인식 결과는  천적 ▼  입니까?  이(가) 참이면
        인식 결과  와(과)  이다!  을(를) 결합한 문자열  을(를) 말하기
        크기를 30 % 로 정하기
        모양을 Octopus1 ▼ (으)로 바꾸기
    만약  인식 결과는  천적이아닌생물 ▼  입니까?  이(가) 참이면
        인식 결과  와(과)  이다!  을(를) 결합한 문자열  을(를) 말하기
        모양을 Octopus2 ▼ (으)로 바꾸기
    만약  인식 결과는  식물 ▼  입니까?  이(가) 참이면
        인식 결과  와(과)  이다!  을(를) 결합한 문자열  을(를) 말하기
        모양을 Octopus2 ▼ (으)로 바꾸기
    5 초 기다리기
```

Octopus2

이미지 인식 결과가 '천적'이면 문어 크기를 30% 줄이고, 문어 모양을 'Octopus1'로 바꿉니다.

이미지 인식 결과가 '천적이 아닌 생물'이거나 '식물'이면 문어의 모양을 'Octopus2'로 바꿉니다.

3 실행 결과 확인하기

- 천적 이미지를 카메라에 비추면 문어가 몸을 작게 움츠리고 몸빛이 변하는지 확인합니다.
- 천적이 아닌 생물과 식물 이미지를 카메라에 비추면 문어의 모양에 아무런 변화가 없는지 확인합니다.

문어의 주변 환경을 특성에 맞게 분류하여 학습시키면 천적이 나타났을 때 문어가 주변 환경에 알맞게 위장하도록 할 수 있어요!

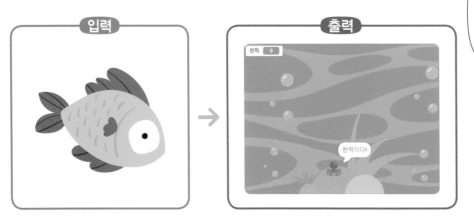

입력 → 출력

5 쑥쑥, 인공지능을 알게 돼!

이번 활동에서 적용한 인공지능에 대하여 정리해 봅시다.

✳ 기계를 학습시키는 방법에는 무엇이 있을까요?

기계를 학습시키는 방법에는 지도 학습, 비지도 학습, 강화 학습이 있습니다. 이 중에서 우리가 배운 활동은 지도 학습입니다. **지도 학습**은 문제와 정답을 기계(컴퓨터)에게 모두 알려 주고 공부시키는 방법을 말합니다. 문제를 데이터라고 하고, 답을 레이블이라고 하며 이것을 합쳐 데이터 세트라고 합니다.

데이터 세트		데이터 세트		데이터 세트	
문제 (데이터)	정답 (레이블)	문제 (데이터)	정답 (레이블)	문제 (데이터)	정답 (레이블)
	천적 "이 생물은 문어의 천적이야! 위장술이 필요해!"		천적이 아닌 생물 "이 생물은 문어를 해치지 않아!"		식물 "바닷속 식물이니 겁먹지 마!"

데이터 세트로 학습시킨 뒤, 학습시키지 않은 생물 이미지를 입력하여 학습된 알고리즘이 얼마나 정확한지 판단할 수 있습니다.

인공지능, 함께 생각해 봐요! ～～～～～ 인공지능 윤리

데이터 세트

인공지능을 학습시킬 때 천적이 아닌 생물 데이터에 천적 데이터가 포함되어 있다면 어떤 일이 생길까요? 여러분의 생각을 써 보고, 아래 내용과 비교해 보세요.

> 예 천적을 천적이 아닌 생물로 분류하도록 학습시키면, 문어가 위험한 상황에 처할 수 있습니다. 이처럼 올바르지 않은 데이터를 학습시킨 인공지능은 불특정 다수에게 위협을 가할 수 있습니다. 그러므로 인공지능 학습 모델을 만들 때에는 정확하고 신뢰성 높은 데이터를 수집하여 학습시켜야 올바른 결과를 얻을 수 있습니다.

반찬은 골고루가 좋아

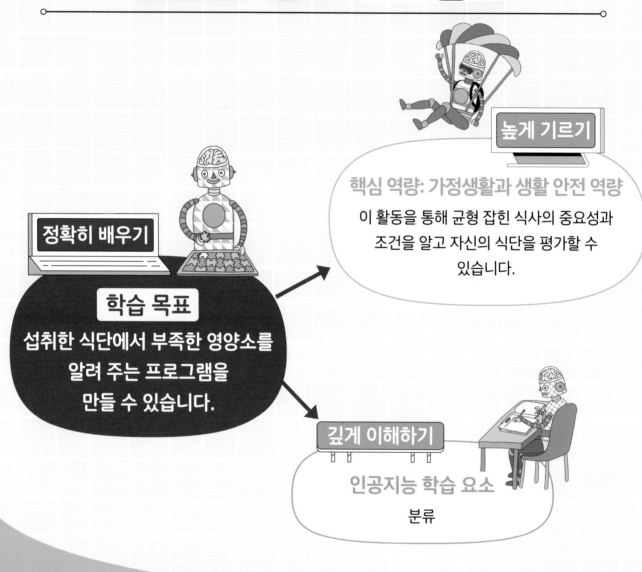

높게 기르기

핵심 역량: 가정생활과 생활 안전 역량

이 활동을 통해 균형 잡힌 식사의 중요성과 조건을 알고 자신의 식단을 평가할 수 있습니다.

정확히 배우기

학습 목표

섭취한 식단에서 부족한 영양소를 알려 주는 프로그램을 만들 수 있습니다.

깊게 이해하기

인공지능 학습 요소

분류

활동 전 넓게 생각해 보기

한국인의 균형 잡힌 식단표를 이용하여 외국인의 식단을 점검한다면 어떤 일이 생길까요?

똑똑, 무슨 일이니?

경선이는 편식하는 성식이의 건강이 걱정되요.

성식이처럼 식사 시간에 좋아하는 반찬만 먹으면 영양소가 불균형을 이뤄 건강을 해칠 수 있어요.
건강한 몸을 만들기 위해 경선이와 성식이가 균형 잡힌 식사를 했는지 알려 주면 어떨까요?

난, 야채가 싫어. 고기반찬이 제일 좋아!

음식을 골고루 먹지 않으면 꼭 섭취해야 할 영양소가 부족해질 거야.

조건에 있는 음식 외에 다른 음식을 섭취하면 어떡하지?

＊ 오늘 섭취한 음식의 식품군 분포를 알려 주는 과정을 살펴봅시다.

쌀밥을 섭취했는가? —아니요→ 오이무침을 섭취했는가? —아니요→ 계란말이를 섭취했는가? —아니요→ 포도를 섭취했는가? —아니요→ 유유를 섭취했는가?

↓예 '곡류' 변수 1씩 증가

↓예 '채소류' 변수 1씩 증가

↓예 '고기생선류' 변수 1씩 증가

↓예 '과일류' 변수 1씩 증가

↓예 '유제품류' 변수 1씩 증가

인공지능으로 문제 해결하기

📑 데이터 준비하기

곡류
채소류
고기생선류
과일류
유제품류

✏️ 학습하기

배우기

곡류
채소류
고기생선류
과일류
유제품류

🔨 판단하기

AI

과일류

💻 프로그래밍

곡류
채소류
고기생선류
유제품류
과일류

START

영양소 섭취
영양소 부족

인공지능 만들기

인공지능 활용하기

2 착착, 방법을 생각해!

문제 해결 방법을 생각해 보고, 그 방법에 따라 프로그램을 만들어 봅시다.

예제 주소_ https://planet.mblock.cc/project/289448

1 해결 방법 생각하기

① 식품군별 하루 권장 섭취 횟수에 대한 자료를 조사합니다.

위의 그림은 음식을 같은 식품군으로 분류하여 하루에 먹어야 하는 양을 표현한 도표입니다. 그중 다섯 가지 식품군별로 우리가 하루에 섭취해야 할 권장 횟수는 다음과 같습니다.

※ 일부 식품군 명칭을 약식으로 표기했습니다.

남자		여자	
곡류	4회	곡류	3회
채소류	5회	채소류	5회
고기·생선류	4회	고기·생선류	3회
과일류	2회	과일류	2회
유제품류	2회	유제품류	2회

② 조사한 자료를 바탕으로 오늘 먹은 음식이 각각 어떤 식품군에 속하는지 조건문을 이용하여 확인합니다.

쌀밥	오이무침	계란말이	포도	우유
곡류	채소류	고기생선류	과일류	유제품류

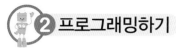

2 프로그래밍하기

① 화면 구성하기

② 코드 작성하기

-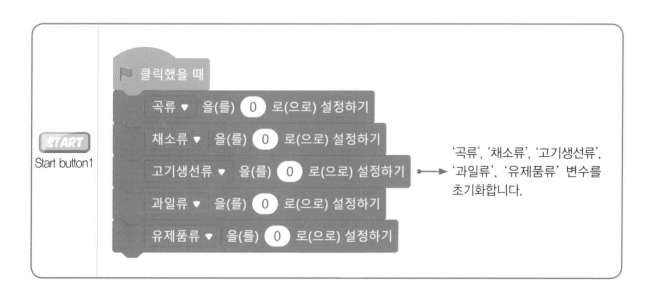

- ⬤변수 — [변수 만들기] 에서 '곡류', '채소류', '고기생선류', '과일류', '유제품류' 변수를 만듭니다.

'곡류', '채소류', '고기생선류', '과일류', '유제품류' 변수를 초기화합니다.

교재에 제시한 식품군 명칭이 '한국영양학회'의 명칭과 약간 다를 수 있습니다.

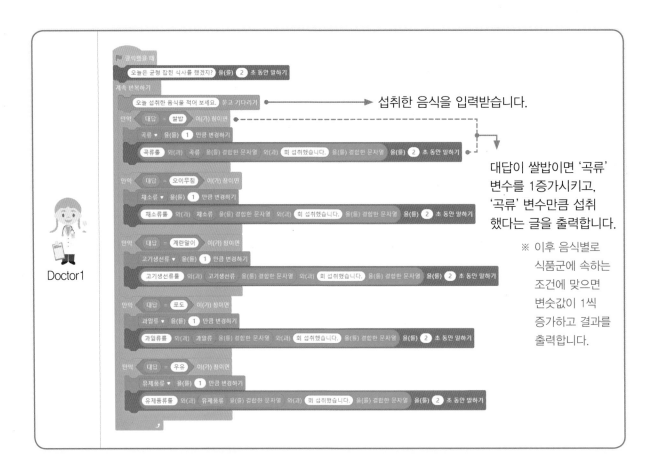

섭취한 음식을 입력받습니다.

대답이 쌀밥이면 '곡류' 변수를 1증가시키고, '곡류' 변수만큼 섭취했다는 글을 출력합니다.

※ 이후 음식별로 식품군에 속하는 조건에 맞으면 변숫값이 1씩 증가하고 결과를 출력합니다.

③ 실행 결과 확인하기

• 오늘 섭취한 음식을 문자로 입력하면, 영양소 섭취 상태를 출력합니다.

섭취한 음식과 식품군을 일일이 구분하기 어려우니 식품군에 속한 여러 음식을 알려 줘 봐요.

✔ 프로그래밍 체크 리스트

아래의 항목을 읽고, '예', '아니요'에 ∨로 표시해 보세요.

항목	예	아니요
쌀밥, 오이무침, 계란말이, 포도, 우유 외에 다른 음식을 입력했을 때에도 영양소 섭취 상태를 바르게 안내하나요?	☐	☐
내가 섭취한 음식의 식품군을 잘 분류하여 알려 주나요?	☐	☐

3 쏙쏙, 공부해 보자!

인공지능을 적용하기 위해 컴퓨터를 학습시켜 봅시다.

✳ 컴퓨터에게 음식 사진을 학습시켜서 영양소를 골고루 섭취했는지 판단하는 과정을 확인해 봅시다.

인공지능 학습 알고리즘

데이터 준비하기	학습하기	판단하기
식품군별로 하루에 섭취해야 할 권장 횟수 자료와 식품군으로 분류한 음식 이미지를 준비합니다.	분류한 음식 이미지를 정답과 함께 학습시킵니다.	학습시키지 않은 음식 이미지를 카메라에 비추어 나온 결과가 정답인지 확인합니다.

✳ 인공지능 학습 알고리즘에 따라 컴퓨터를 학습시켜 봅시다.

식품군 명칭을 약식으로 표기합니다.

 1 데이터 준비하기

음식 이미지 데이터를 분류하여 준비합니다.

곡류　　채소류　　고기·생선류　　과일류　　유제품류

2 학습하기

준비한 다섯 가지 식품군 이미지 데이터에서 각각 1개씩을 빼고 나머지를 학습시킵니다.

①  (기계 학습)을 추가하고, ⬤ TM ― 학습 모델 을 선택합니다.

② 새로운 모델 만들기 를 선택한 뒤, 모델 카테고리 수에 '5'를 입력하고 확인을 누릅니다.

③ 목록 이름을 입력하고 카메라로 이미지를 인식한 뒤, 배우기 를 누릅니다.

문제	학습	정답
		결과 곡류
		결과 채소류
		결과 고기생선류
		결과 과일류
		결과 유제품류

※ 모든 카테고리별 배우기 가 끝나면 ⬤TM 블록 꾸러미에 인식 결과 , 곡류 ▼ 의 신뢰도 , 인식 결과는 곡류 ▼ 입니까? 블록이 생깁니다.

3 판단하기

학습시키지 않은 데이터를 인식시켜 정답과 같으면 ○, 다르면 ×에 ○표 해 봅시다.

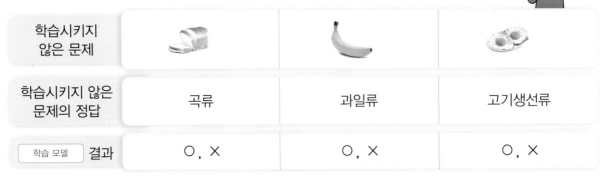

학습시키지 않은 문제			
학습시키지 않은 문제의 정답	곡류	과일류	고기생선류
학습 모델 결과	○ , ×	○ , ×	○ , ×

※ 학습이 잘되었으면 모델 사용 을 선택하여 편집 화면으로 이동합니다.

4 척척, 스스로 알아서 처리해!!

인공지능을 적용하여 문제를 해결해 봅시다.

예제 주소_ https://planet.mblock.cc/project/289451

* 오늘 먹은 음식 이미지를 입력하면 영양소 섭취 상태를 알려 주는 프로그램을 만들어 봅시다.

1 화면 구성하기

2 코드 작성하기

- **변수** — 변수 만들기 에서 '곡류', '채소류', '고기생선류', '과일류', '유제품류', '영양소 섭취', '영양소 부족' 변수를 만듭니다.

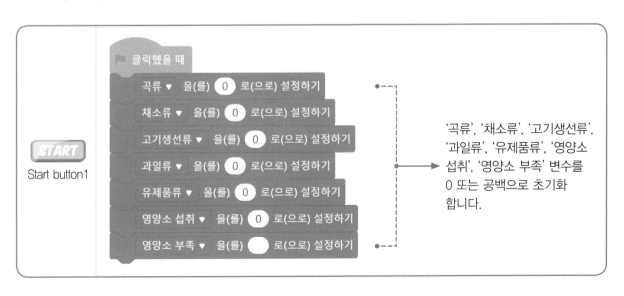

'곡류', '채소류', '고기생선류', '과일류', '유제품류', '영양소 섭취', '영양소 부족' 변수를 0 또는 공백으로 초기화 합니다.

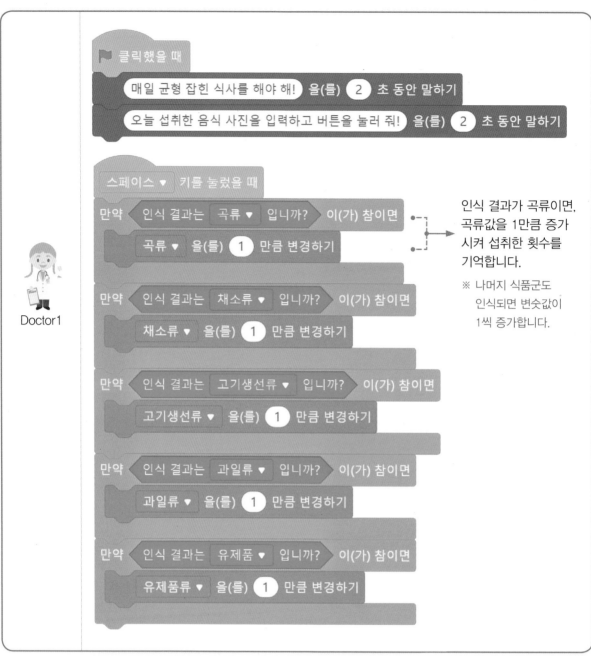

인식 결과가 곡류이면, 곡류값을 1만큼 증가시켜 섭취한 횟수를 기억합니다.

※ 나머지 식품군도 인식되면 변숫값이 1씩 증가합니다.

Doctor1

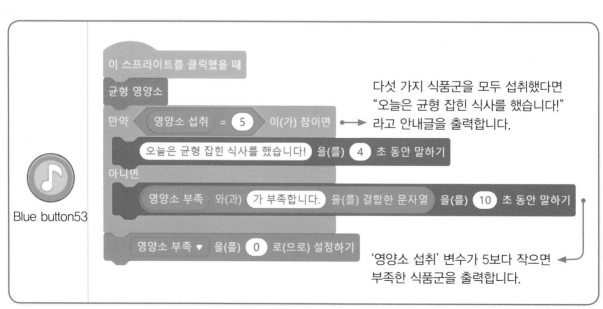

다섯 가지 식품군을 모두 섭취했다면 "오늘은 균형 잡힌 식사를 했습니다!" 라고 안내글을 출력합니다.

'영양소 섭취' 변수가 5보다 작으면 부족한 식품군을 출력합니다.

Blue button53

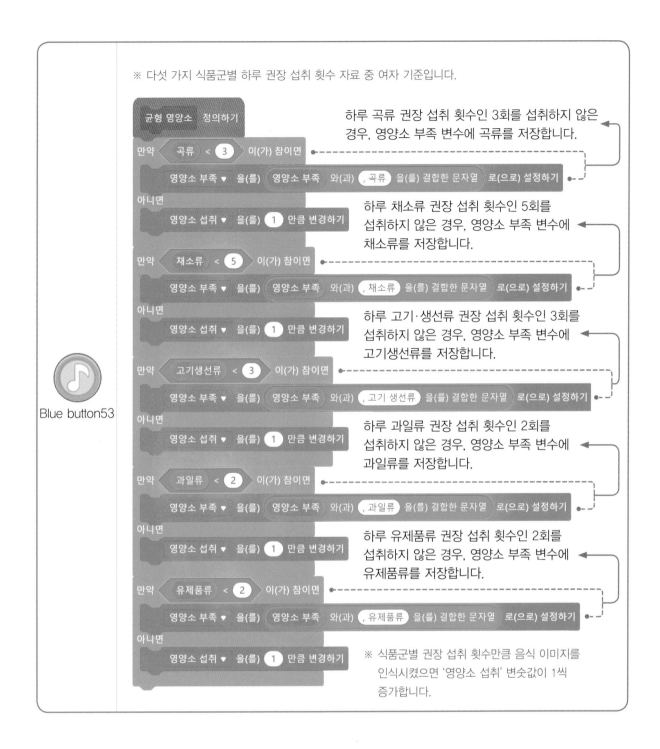

※ 다섯 가지 식품군별 하루 권장 섭취 횟수 자료 중 여자 기준입니다.

균형 영양소 정의하기

만약 **곡류 < 3** 이(가) 참이면
　　영양소 부족 ▼ 을(를) **영양소 부족** 와(과) **, 곡류** 을(를) 결합한 문자열 로(으로) 설정하기
　　하루 곡류 권장 섭취 횟수인 3회를 섭취하지 않은 경우, 영양소 부족 변수에 곡류를 저장합니다.
아니면
　　영양소 섭취 ▼ 을(를) **1** 만큼 변경하기

만약 **채소류 < 5** 이(가) 참이면
　　영양소 부족 ▼ 을(를) **영양소 부족** 와(과) **, 채소류** 을(를) 결합한 문자열 로(으로) 설정하기
　　하루 채소류 권장 섭취 횟수인 5회를 섭취하지 않은 경우, 영양소 부족 변수에 채소류를 저장합니다.
아니면
　　영양소 섭취 ▼ 을(를) **1** 만큼 변경하기

만약 **고기생선류 < 3** 이(가) 참이면
　　영양소 부족 ▼ 을(를) **영양소 부족** 와(과) **, 고기 생선류** 을(를) 결합한 문자열 로(으로) 설정하기
　　하루 고기·생선류 권장 섭취 횟수인 3회를 섭취하지 않은 경우, 영양소 부족 변수에 고기생선류를 저장합니다.
아니면
　　영양소 섭취 ▼ 을(를) **1** 만큼 변경하기

만약 **과일류 < 2** 이(가) 참이면
　　영양소 부족 ▼ 을(를) **영양소 부족** 와(과) **, 과일류** 을(를) 결합한 문자열 로(으로) 설정하기
　　하루 과일류 권장 섭취 횟수인 2회를 섭취하지 않은 경우, 영양소 부족 변수에 과일류를 저장합니다.
아니면
　　영양소 섭취 ▼ 을(를) **1** 만큼 변경하기

만약 **유제품류 < 2** 이(가) 참이면
　　영양소 부족 ▼ 을(를) **영양소 부족** 와(과) **, 유제품류** 을(를) 결합한 문자열 로(으로) 설정하기
　　하루 유제품류 권장 섭취 횟수인 2회를 섭취하지 않은 경우, 영양소 부족 변수에 유제품류를 저장합니다.
아니면
　　영양소 섭취 ▼ 을(를) **1** 만큼 변경하기

※ 식품군별 권장 섭취 횟수만큼 음식 이미지를 인식시켰으면 '영양소 섭취' 변숫값이 1씩 증가합니다.

Blue button53

③ 실행 결과 확인하기

- 섭취한 음식 이미지를 카메라에 비추면 알맞은 식품군으로 분류되고, 섭취 횟수에 따라 곡류, 채소류, 고기생선류, 과일류, 유제품류 변숫값이 증가하는지 확인합니다.
- 식품군의 하루 섭취 기준에 따라 부족한 영양소를 안내하는지 확인합니다.

섭취한 음식 이미지를 입력하면 어떤 식품군에 속하는지 잘 구별하나요? 그렇지 않다면 더 많은 음식 데이터를 학습시켜 보세요!

5 쑥쑥, 인공지능을 알게 돼!

이번 활동에서 적용한 인공지능에 대하여 정리해 봅시다.

✱ 인공지능이 어떻게 음식을 식품군별로 구별할 수 있었을까요?

우리는 하루에 필요한 영양소를 골고루 섭취했는지 확인하기 위해, 인공지능에게 식품군별로 분류한 음식 이미지를 학습시켰습니다. 그리고 학습을 마친 인공지능에게 오늘 섭취한 음식 이미지를 입력하여 식품별 하루 섭취 횟수를 판단하게 해 보았습니다.

식품	쌀밥	깍두기	계란 부침	딸기	치즈
	↓	↓	↓	↓	↓
식품군	곡류	채소류	고기·생선류	과일류	유제품류

이처럼 음식 이미지를 입력하면 곡류, 채소류, 고기·생선류, 과일류, 유제품류 다섯 가지의 식품군 중에 어느 식품군인지 예측할 수 있습니다. 이렇게 입력한 값이 어떤 종류의 값인지 구별하는 것을 **분류**라고 하며, 이는 인공지능이 결과를 예측하기 위한 방법 중에 하나입니다.

인공지능, 함께 생각해 봐요!

모두의 인공지능

외국인이 우리가 만든 인공지능 프로그램에 섭취한 음식을 입력한다면 어느 식품군인지 프로그램이 잘 분류할 수 있을까요? 여러분의 생각을 써 보고, 아래 내용과 비교해 보세요.

📖 음식 이미지를 찾아 학습시킬 때 주로 내가 좋아하는 음식을 검색하여 학습시켰습니다. 또한 학습시키지 않은 음식 이미지로 판단할 때에도 내가 먹고 싶은 음식 이미지를 인식시켜 성능을 확인했습니다.
그리고 내가 한국인이기 때문에 대부분 한식 데이터를 수집하고 학습시키게 되었던 것 같습니다.
따라서 한국의 음식 문화를 바탕으로 한 음식 이미지 데이터를 학습한 인공지능은 한국인에게 좋은 성능을 보이지만, 외국인에게 유용하지 않을 것 같습니다.

한국의 식단 외의 다른 나라의 식단을 분석하여 식품군에 맞게 음식을 학습시키면 식습관이 다른 나라 사람들도 우리가 만든 인공지능 프로그램을 유용하게 사용할 수 있습니다.

누가 그린 그림일까

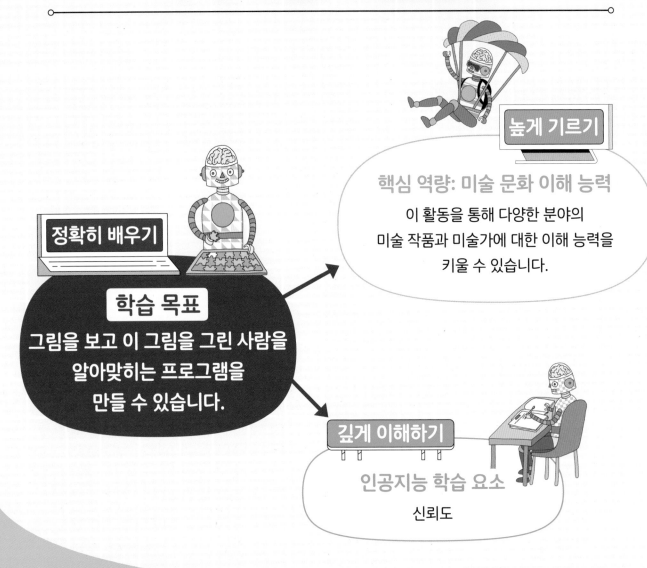

높게 기르기

핵심 역량: 미술 문화 이해 능력

이 활동을 통해 다양한 분야의
미술 작품과 미술가에 대한 이해 능력을
키울 수 있습니다.

정확히 배우기

학습 목표

그림을 보고 이 그림을 그린 사람을
알아맞히는 프로그램을
만들 수 있습니다.

깊게 이해하기

인공지능 학습 요소

신뢰도

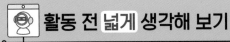

활동 전 넓게 생각해 보기

주어진 문제에 대한 정답을 말하는 인공지능을 얼마나 신뢰할 수 있을까요?

똑똑, 무슨 일이니?

학교 담벼락에 누군가 그림을 그렸어요. 그림을 그린 사람을 찾아야 해요.

학교 담벼락에 누군가 그림을 그렸지만 그린 사람을 아무도 보지 못했어요. 그럼, 그림을 그린 사람을 어떻게 찾아야 할까요? 탐정이 되어 그림을 그린 사람이 누구인지 찾아볼까요?

＊ 담벼락의 그림을 보고 그린 사람을 찾는 과정을 살펴봅시다.

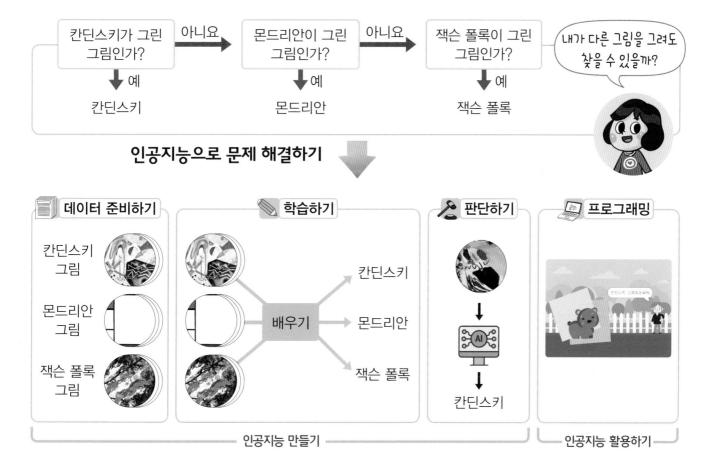

2 착착, 방법을 생각해!

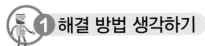
문제 해결 방법을 생각해 보고, 그 방법에 따라 프로그램을 만들어 봅시다.

예제 주소_ https://planet.mblock.cc/project/289452

1 해결 방법 생각하기

① 그림을 그린 사람을 알아볼 수 있도록 아래 이미지의 이름을 정합니다.

여기서는 그림을 그린 사람을 화가 이름으로 정합니다.

 칸딘스키	 몬드리안	 잭슨 폴록

② 그림을 그린 사람을 찾을 수 있도록 그린 사람의 이름을 비교합니다.

그린 사람 이름 확인하기(비교하기) ➔ 결과 확인하기

2 프로그래밍하기

① 화면 구성하기

┤ 동물 모양 추가하기 ├

① 🐻 스프라이트 – 모양 – 모양 추가 – 다른 모양 (Beaver, Bear6)을 추가합니다.

② 추가 – 동물 – (Cat18) 추가 – 모양 – 모양 추가 – 다른 모양(Bee1, Conch)을 추가합니다.

③ 추가 – 동물 – (Bug7) 추가 – 모양 – 모양 추가 – 다른 모양(Bug6, Caterpillar)을 추가합니다.

스프라이트	모양 추가1	모양 추가2
칸딘스키(Bear)	Beaver	Bear6
몬드리안(Cat18)	Bee1	Conch
잭슨폴록(Bug7)	Bug6	Caterpillar

② 코드 작성하기

- 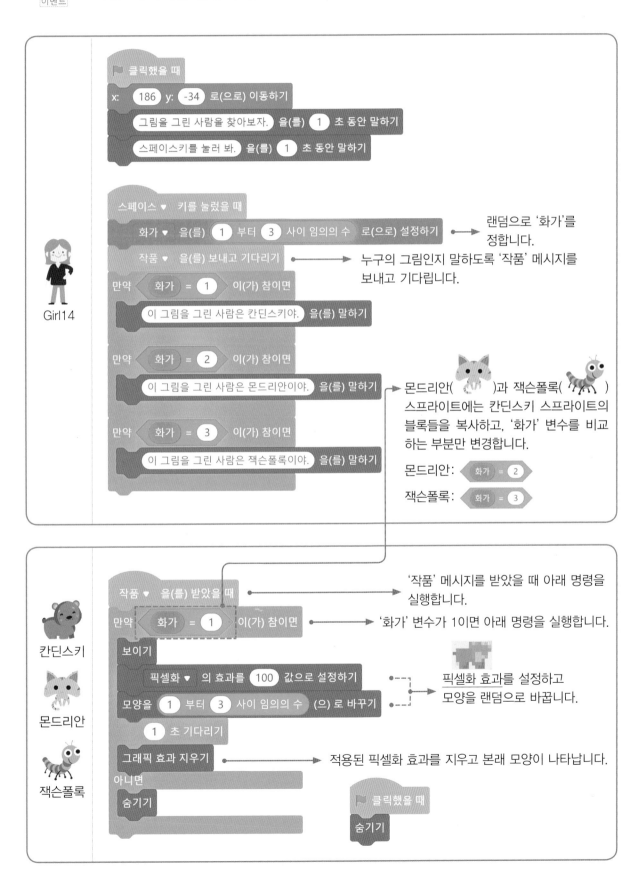 변수 — 변수 만들기 에서 '화가' 변수를 만듭니다.

- 이벤트 — '작품' 메시지를 만듭니다.

클릭했을 때
x: 186 y: -34 로(으로) 이동하기
그림을 그린 사람을 찾아보자. 을(를) 1 초 동안 말하기
스페이스키를 눌러 봐. 을(를) 1 초 동안 말하기

Girl14

스페이스 ▼ 키를 눌렀을 때
화가 ▼ 을(를) 1 부터 3 사이 임의의 수 로(으로) 설정하기 ──▶ 랜덤으로 '화가'를 정합니다.
작품 ▼ 을(를) 보내고 기다리기 ──▶ 누구의 그림인지 말하도록 '작품' 메시지를 보내고 기다립니다.
만약 화가 = 1 이(가) 참이면
이 그림을 그린 사람은 칸딘스키야. 을(를) 말하기

만약 화가 = 2 이(가) 참이면
이 그림을 그린 사람은 몬드리안이야. 을(를) 말하기 ──▶ 몬드리안(🐱)과 잭슨폴록(🐛) 스프라이트에는 칸딘스키 스프라이트의 블록들을 복사하고, '화가' 변수를 비교하는 부분만 변경합니다.

만약 화가 = 3 이(가) 참이면
이 그림을 그린 사람은 잭슨폴록이야. 을(를) 말하기

몬드리안: 화가 = 2
잭슨폴록: 화가 = 3

칸딘스키

몬드리안

잭슨폴록

작품 ▼ 을(를) 받았을 때 ──▶ '작품' 메시지를 받았을 때 아래 명령을 실행합니다.
만약 화가 = 1 이(가) 참이면 ──▶ '화가' 변수가 1이면 아래 명령을 실행합니다.
보이기
픽셀화 ▼ 의 효과를 100 값으로 설정하기 ┄▶ 픽셀화 효과를 설정하고 모양을 랜덤으로 바꿉니다.
모양을 1 부터 3 사이 임의의 수 (으)로 바꾸기
1 초 기다리기
그래픽 효과 지우기 ──▶ 적용된 픽셀화 효과를 지우고 본래 모양이 나타납니다.
아니면
숨기기

클릭했을 때
숨기기

③ 실행 결과 확인하기

• 스페이스키를 누르면 랜덤으로 작품을 그린 화가가 표시되는지 확인합니다.
• 화면에 출력된 그림의 화가를 말풍선으로 출력하는지 확인합니다.

화가마다 그린 그림들이
여러 개라서 일일이 비교하는 것이
힘들어요.

✔ **프로그래밍 체크 리스트**

아래의 항목을 읽고, '예', '아니요'에 ∨로 표시해 보세요.

항목	예	아니요
수집한 그림(추가한 동물 모양) 외에 다른 그림을 입력해도 찾을 수 있나요?	☐	☐
프로그램으로 칸딘스키 또는 몬드리안, 잭슨 폴록과 같은 화가들의 그림을 모두 비교할 수 있을까요?	☐	☐

3 쏙쏙, 공부해 보자!

인공지능을 적용하기 위해 컴퓨터를 학습시켜 봅시다.

＊ 컴퓨터에게 화가들의 그림을 학습시킨 다음, 그림 그린 사람을 찾아내는 과정을 확인해 봅시다.

인공지능 학습 **알고리즘**

데이터 준비하기	학습하기	판단하기
칸딘스키, 몬드리안, 잭슨 폴록의 그림을 분류하여 준비합니다.	칸딘스키, 몬드리안, 잭슨 폴록이 그린 그림의 패턴을 잘 표현하고 있는 그림들을 정답과 함께 학습시킵니다.	학습시키지 않은 그림을 카메라에 비추어 나온 결과가 정답인지 확인합니다.

여기서는 그림을 그린 사람으로 유명한 칸딘스키, 몬드리안, 잭슨 폴록의 실제 작품을 학습시켜요.

＊ 인공지능 학습 알고리즘에 따라 컴퓨터를 학습시켜 봅시다.

 데이터 준비하기

그림 데이터를 분류하여 준비합니다.

칸딘스키	몬드리안	잭슨 폴록

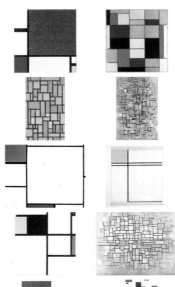
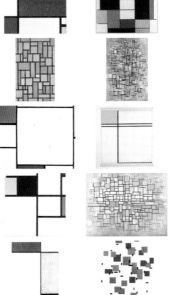
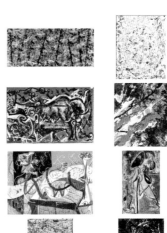

 **학습하기**

준비한 세 가지 그림 데이터에서 각각 1개씩을 빼고 나머지를 학습시킵니다.

①  (기계 학습)을 추가하고, TM — 학습 모델 을 선택합니다.

② 새로운 모델 만들기 를 선택한 뒤, 모델 카테고리 수에 '3'을 입력하고 확인을 누릅니다.

③ 목록 이름을 입력하고 카메라로 이미지를 인식한 뒤, 배우기 를 누릅니다.

문제	학습	정답
	칸딘스키 99% 배우기	결과 칸딘스키
	몬드리안 80% 배우기	결과 몬드리안
	잭슨 폴록 70% 배우기	결과 잭슨 폴록

※ 모든 카테고리별 배우기 가 끝나면 TM 블록 꾸러미에 인식 결과 , 칸딘스키 ▼ 의 신뢰도 , 인식 결과는 칸딘스키 ▼ 입니까? 블록이 생깁니다.

판단하기

학습시키지 않은 데이터를 인식시켜 정답이 같으면 ○, 다르면 ×에 ◯표 해 봅시다.

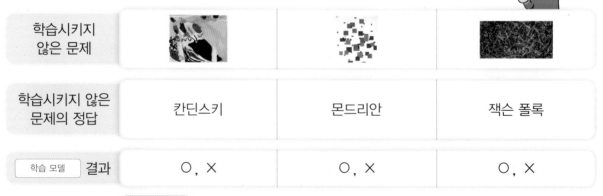

학습시키지 않은 문제			
학습시키지 않은 문제의 정답	칸딘스키	몬드리안	잭슨 폴록
학습 모델 결과	○, ×	○, ×	○, ×

※ 학습이 잘되었으면 모델 사용 을 선택하여 편집 화면으로 이동합니다.

4 척척, 스스로 알아서 처리해!!

인공지능을 적용하여 문제를 해결해 봅시다.

예제 주소_ https://planet.mblock.cc/project/289455

＊ 카메라가 인식한 그림이 누가 그린 그림인지 알려 주는 프로그램을 만들어 봅시다.

1 화면 구성하기

화면 구성하기는 92쪽의 화면 구성하기와 동일하게 구성합니다.

2 코드 작성하기

 — 변수 만들기 에서 '화가', '신뢰도' 변수를 만듭니다.

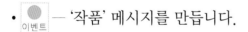 — '작품' 메시지를 만듭니다.

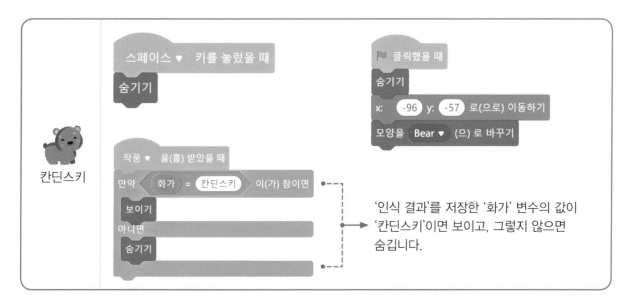

'인식 결과'를 저장한 '화가' 변수의 값이 '칸딘스키'이면 보이고, 그렇지 않으면 숨깁니다.

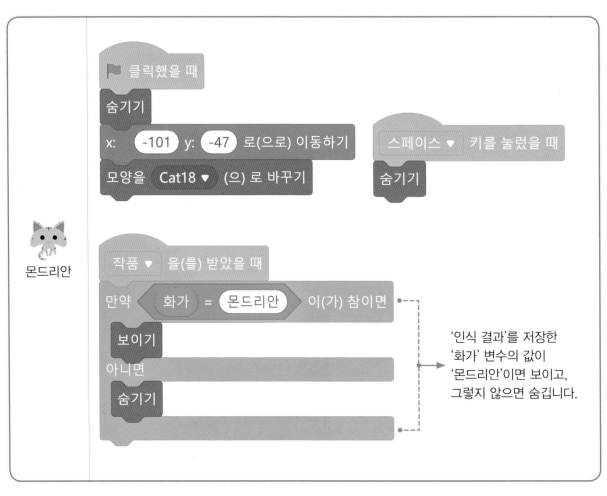

몬드리안

'인식 결과'를 저장한
'화가' 변수의 값이
'몬드리안'이면 보이고,
그렇지 않으면 숨깁니다.

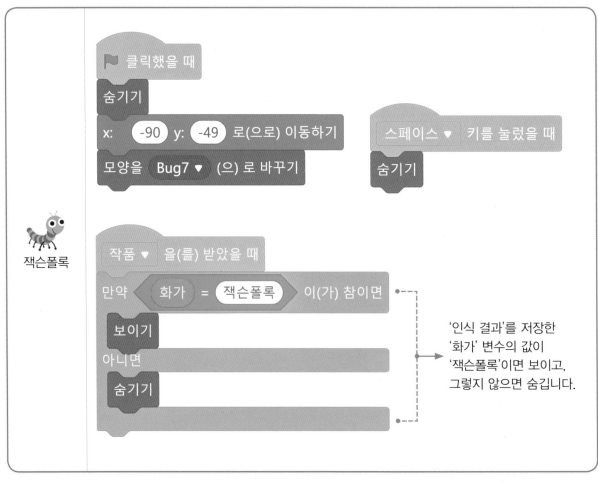

잭슨폴록

'인식 결과'를 저장한
'화가' 변수의 값이
'잭슨폴록'이면 보이고,
그렇지 않으면 숨깁니다.

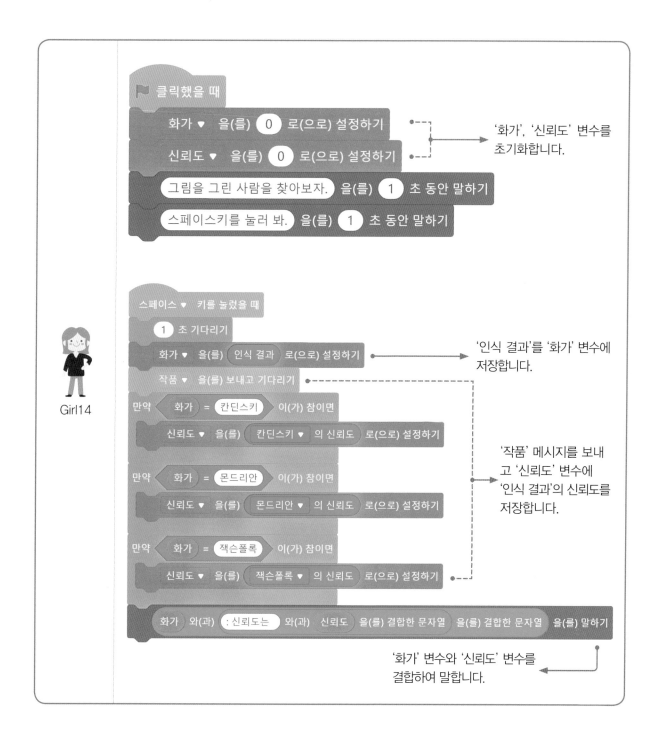

클릭했을 때
화가 ▼ 을(를) 0 로(으로) 설정하기
신뢰도 ▼ 을(를) 0 로(으로) 설정하기
그림을 그린 사람을 찾아보자. 을(를) 1 초 동안 말하기
스페이스키를 눌러 봐. 을(를) 1 초 동안 말하기

'화가', '신뢰도' 변수를 초기화합니다.

Girl14

스페이스 ▼ 키를 눌렀을 때
1 초 기다리기
화가 ▼ 을(를) 인식 결과 로(으로) 설정하기
작품 ▼ 을(를) 보내고 기다리기
만약 화가 = 칸딘스키 이(가) 참이면
신뢰도 ▼ 을(를) 칸딘스키 ▼ 의 신뢰도 로(으로) 설정하기
만약 화가 = 몬드리안 이(가) 참이면
신뢰도 ▼ 을(를) 몬드리안 ▼ 의 신뢰도 로(으로) 설정하기
만약 화가 = 잭슨폴록 이(가) 참이면
신뢰도 ▼ 을(를) 잭슨폴록 ▼ 의 신뢰도 로(으로) 설정하기
화가 와(과) :신뢰도는 와(과) 신뢰도 을(를) 결합한 문자열 을(를) 결합한 문자열 을(를) 말하기

'인식 결과'를 '화가' 변수에 저장합니다.

'작품' 메시지를 보내고 '신뢰도' 변수에 '인식 결과'의 신뢰도를 저장합니다.

'화가' 변수와 '신뢰도' 변수를 결합하여 말합니다.

③ 실행 결과 확인하기

- 스페이스키를 눌렀을 때 카메라 인식 창이 화면에 표시되는지 확인합니다.
- 카메라에 학습시키지 않은 그림을 비추어 그림을 인식한 결과가 화면에 표시되는지 확인합니다.

5 쑥쑥, 인공지능을 알게 돼!

이번 활동에서 적용한 인공지능에 대하여 정리해 봅시다.

✳ 신뢰도란 무엇일까요?

기계(컴퓨터)에게 세 명의 화가가 그린 그림을 학습시키고 담벼락에 그린 그림을 보여 주었을 때, 아래 화면과 같이 가장 높은 신뢰도를 나타내는 정답(레이블)으로 분류해 주었습니다.

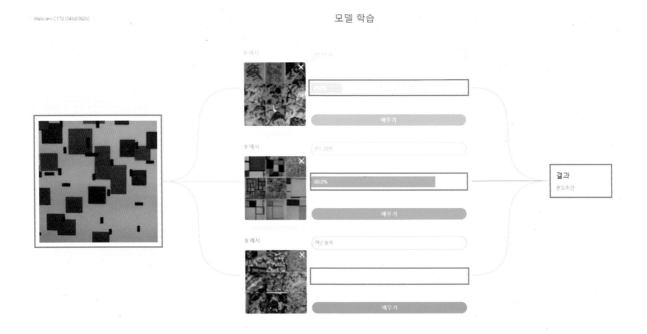

위 화면에서 보여 준 그림의 화가로 칸딘스키의 신뢰도가 20%, 몬드리안의 신뢰도가 80%, 잭슨 폴록의 신뢰도가 0%입니다. 이때, 결과에 대해 인공지능이 확신하고 있는 정도를 100점 만점으로 나타낸 것을 신뢰도라고 하며, 가장 **신뢰도**가 높은 몬드리안을 결과로 출력합니다. 하지만, 틀린 데이터를 학습했거나 학습량이 적었을 때에는 신뢰도가 높더라도 잘못된 예측을 할 수 있습니다.

한국인 화가의 그림도 특징을 찾아
분류하고 학습시켜 보세요.

인공지능, 함께 생각해 봐요!

정답이 없는 데이터를 넣는 경우

칸딘스키, 몬드리안, 잭슨 폴록의 그림이 아닌 고흐의 그림을 보여 주었을 때 칸딘스키가 그린 그림이라고 결과가 나왔어요. 이유가 뭘까요? 여러분의 생각을 써 보고, 아래 내용과 비교해 보세요.

예 지도 학습은 내가 분류하여 제시한 칸딘스키, 몬드리안, 잭슨 폴록의 그림에서 특징을 찾아 가장 높은 신뢰도를 보이는 정답(레이블)으로 분류하여 결과를 출력합니다. 객관식 문항처럼 이미 정해진 세 가지 정답(레이블) 중에서 결과를 출력하기 때문에 가장 유사한 정답(레이블)이 출력됩니다.

얼굴형이 궁금해요

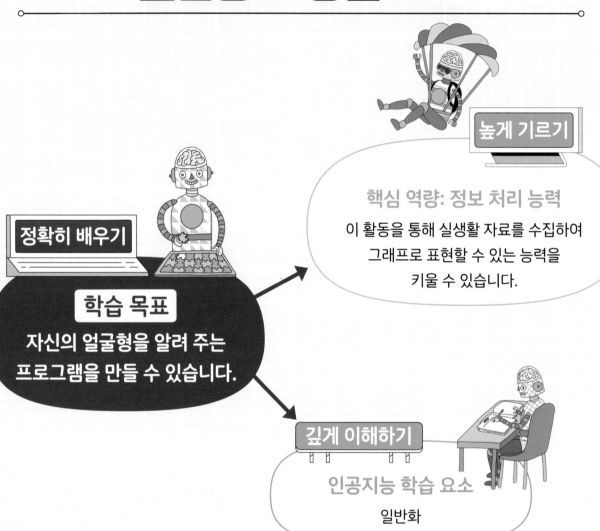

정확히 배우기

학습 목표

자신의 얼굴형을 알려 주는 프로그램을 만들 수 있습니다.

높게 기르기

핵심 역량: 정보 처리 능력

이 활동을 통해 실생활 자료를 수집하여 그래프로 표현할 수 있는 능력을 키울 수 있습니다.

깊게 이해하기

인공지능 학습 요소

일반화

 활동 전 넓게 생각해 보기

사람의 얼굴형을 판단하는 기준은 모두 같을까요?

1 똑똑, 무슨 일이니?

거울을 쳐다보며 마녀가 물었어요. 거울아, 거울아! 내 얼굴은 무슨 형이니?

어느 날 마녀는 자신의 얼굴형이 궁금했어요. 언제나 마녀가 제일 예쁘다고 말했던 거울에게 마녀는 "내 얼굴은 무슨 형이니?"라고 물었어요. 거울은 뭐라고 대답했을까요?

거울아, 거울아! 내 얼굴은 무슨 형이니?

당신의 얼굴은 도넛형이군요.

✱ 마녀의 얼굴은 어떤 모양인지 거울이 대답하는 과정을 살펴봅시다.

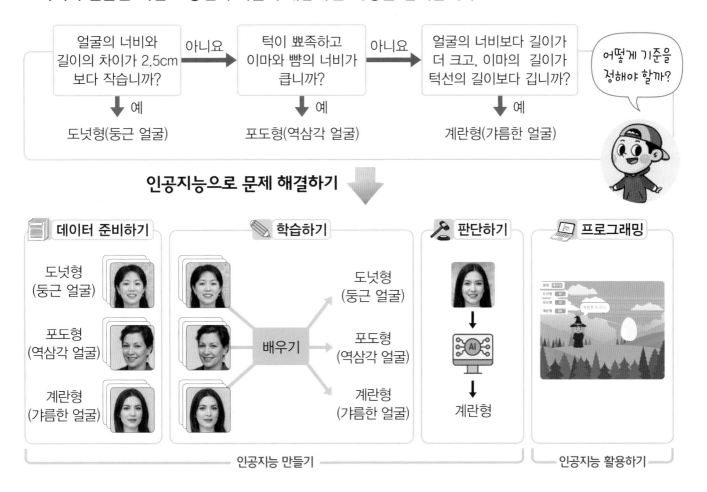

얼굴의 너비와 길이의 차이가 2.5cm보다 작습니까? → 아니요 → 턱이 뾰족하고 이마와 뺨의 너비가 큽니까? → 아니요 → 얼굴의 너비보다 길이가 더 크고, 이마의 길이가 턱선의 길이보다 깁니까?

어떻게 기준을 정해야 할까?

↓ 예
도넛형(둥근 얼굴)

↓ 예
포도형(역삼각 얼굴)

↓ 예
계란형(갸름한 얼굴)

인공지능으로 문제 해결하기

데이터 준비하기
도넛형 (둥근 얼굴)
포도형 (역삼각 얼굴)
계란형 (갸름한 얼굴)

학습하기
배우기 →
도넛형 (둥근 얼굴)
포도형 (역삼각 얼굴)
계란형 (갸름한 얼굴)

판단하기
AI
↓
계란형

프로그래밍

인공지능 만들기 ─ 인공지능 활용하기

착착, 방법을 생각해!

문제 해결 방법을 생각해 보고, 그 방법에 따라 프로그램을 만들어 봅시다.

예제 주소_ https://planet.mblock.cc/project/289456

1 해결 방법 생각하기

① 스프라이트 모양을 이동하여 얼굴의 너비와 길이의 비율로 얼굴형의 기준을 정합니다.

| 도넛형 | 포도형 | 계란형 |

② 얼굴의 너비와 길이를 조건으로 얼굴형이 어떤 모양인지 확인합니다.

질문하기 ⟶ 결과 확인하기

2 프로그래밍하기

① 화면 구성하기

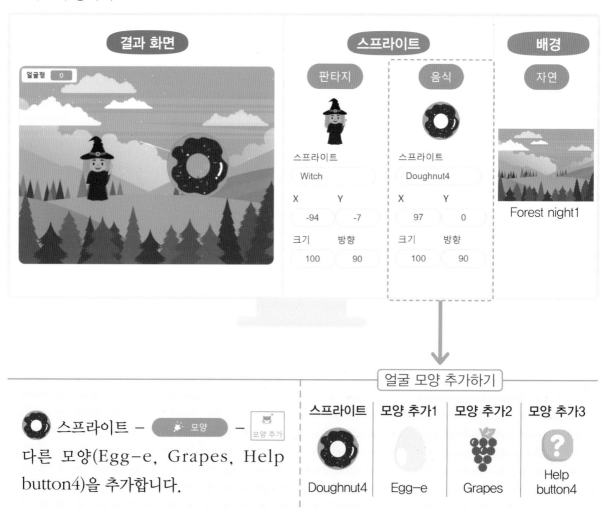

| 결과 화면 | 스프라이트 | 배경 |

얼굴형 0

판타지 | 음식 | 자연

스프라이트 Witch
X	Y
-94	-7
크기	방향
100	90

스프라이트 Doughnut4
X	Y
97	0
크기	방향
100	90

Forest night1

얼굴 모양 추가하기

스프라이트 – 모양 – 모양 추가
다른 모양(Egg-e, Grapes, Help
button4)을 추가합니다.

| 스프라이트 | 모양 추가1 | 모양 추가2 | 모양 추가3 |
| Doughnut4 | Egg-e | Grapes | Help button4 |

② 코드 작성하기

- 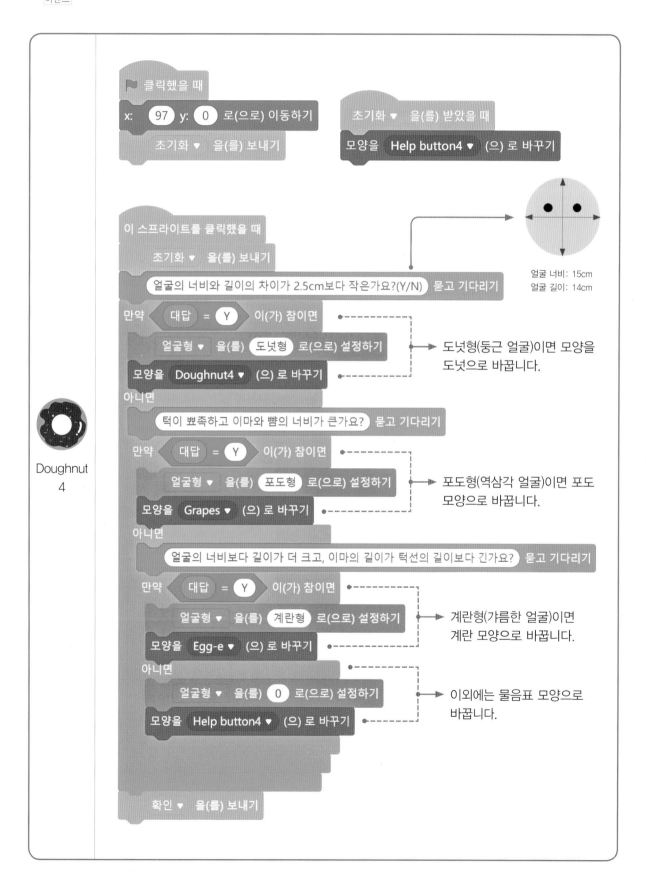 변수 ― 변수 만들기 에서 '얼굴형' 변수를 만듭니다.

- 이벤트 ― '확인', '초기화' 메시지를 만듭니다.

🏳 클릭했을 때
x: 97 y: 0 로(으로) 이동하기
초기화 ▼ 을(를) 보내기

초기화 ▼ 을(를) 받았을 때
모양을 Help button4 ▼ (으)로 바꾸기

이 스프라이트를 클릭했을 때
초기화 ▼ 을(를) 보내기
얼굴의 너비와 길이의 차이가 2.5cm보다 작은가요?(Y/N) 묻고 기다리기

얼굴 너비: 15cm
얼굴 길이: 14cm

만약 대답 = Y 이(가) 참이면
얼굴형 ▼ 을(를) 도넛형 로(으로) 설정하기
모양을 Doughnut4 ▼ (으)로 바꾸기

→ 도넛형(둥근 얼굴)이면 모양을 도넛으로 바꿉니다.

아니면
턱이 뾰족하고 이마와 뺨의 너비가 큰가요? 묻고 기다리기
만약 대답 = Y 이(가) 참이면
얼굴형 ▼ 을(를) 포도형 로(으로) 설정하기
모양을 Grapes ▼ (으)로 바꾸기

→ 포도형(역삼각 얼굴)이면 포도 모양으로 바꿉니다.

아니면
얼굴의 너비보다 길이가 더 크고, 이마의 길이가 턱선의 길이보다 긴가요? 묻고 기다리기
만약 대답 = Y 이(가) 참이면
얼굴형 ▼ 을(를) 계란형 로(으로) 설정하기
모양을 Egg-e ▼ (으)로 바꾸기

→ 계란형(갸름한 얼굴)이면 계란 모양으로 바꿉니다.

아니면
얼굴형 ▼ 을(를) 0 로(으로) 설정하기
모양을 Help button4 ▼ (으)로 바꾸기

→ 이외에는 물음표 모양으로 바꿉니다.

확인 ▼ 을(를) 보내기

Doughnut 4

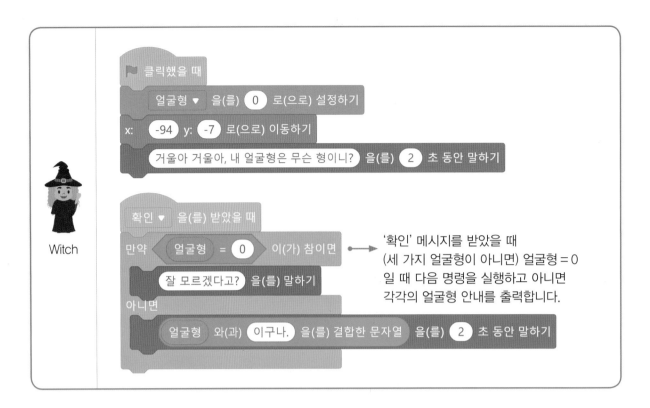

③ 실행 결과 확인하기

• 🏳을 클릭하고 물음표(❓) 모양을 클릭하면, 얼굴의 너비와 길이에 대한 질문을 하는지 확인합니다.

• 질문에 대한 대답을 하면 마녀가 얼굴형을 말하면서 얼굴 모양을 보여 주는지 확인합니다.

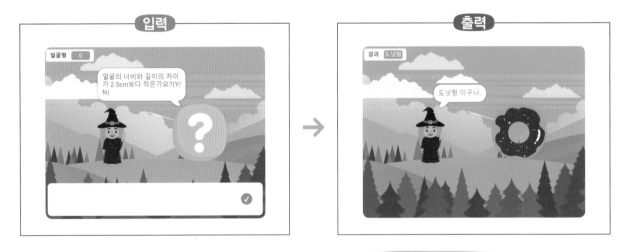

얼굴 모양 판단을 위한 기준을 정하기 어려워요.

아래의 항목을 읽고, '예', '아니요'에 ∨로 표시해 보세요.

항목	예	아니요
'도넛형', '포도형', '계란형' 외에 다른 얼굴형을 판단할 수 있나요?	☐	☐
얼굴형을 결정하는 기준을 빠짐없이 모두 포함하고 있나요?	☐	☐

3 쏙쏙, 공부해 보자!

인공지능을 적용하기 위해 컴퓨터를 학습시켜 봅시다.

＊ 컴퓨터에게 다양한 얼굴 모양을 학습시킨 다음, 얼굴형을 판단하는 과정을 확인해 봅시다.

인공지능 학습 알고리즘

데이터 준비하기		학습하기		판단하기
둥근형, 포도형, 계란형 얼굴의 사진을 분류하여 준비합니다.	→	분류한 얼굴형의 사진을 정답과 함께 학습시킵니다.	→	학습시키지 않은 얼굴 사진을 카메라에 비추어 나온 결과가 정답인지 확인합니다.

＊ 인공지능 학습 알고리즘에 따라 컴퓨터를 학습시켜 봅시다.

친구 얼굴로 학습시켜 보세요.

1 데이터 준비하기

얼굴형 데이터를 분류하여 준비합니다.

도넛형

포도형

계란형

✏️ ② 학습하기

준비한 세 가지 얼굴형 데이터에서 각각 1개씩을 빼고 나머지를 학습시킵니다.

①  (기계 학습)을 추가하고, ⬤ TM — [학습 모델] 을 선택합니다.

② [새로운 모델 만들기] 를 선택한 뒤, 모델 카테고리 수에 '3'을 입력하고 확인을 누릅니다.

③ 목록 이름을 입력하고 카메라로 이미지를 인식한 뒤, (배우기) 를 누릅니다.

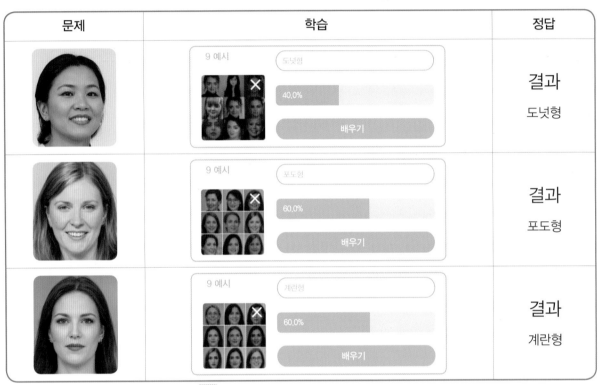

문제	학습	정답
	9 예시 / 도넛형 / 40.0% / 배우기	결과 도넛형
	9 예시 / 포도형 / 60.0% / 배우기	결과 포도형
	9 예시 / 계란형 / 60.0% / 배우기	결과 계란형

※ 모든 카테고리별 (배우기) 가 끝나면 ⬤ TM 블록 꾸러미에 (인식 결과), (도넛형 ▼ 의 신뢰도), (인식 결과는 도넛형 ▼ 입니까?) 블록이 생깁니다.

🔨 ③ 판단하기

학습시키지 않은 데이터를 인식시켜 정답과 같으면 ○, 다르면 ×에 ○표 해 봅시다.

학습시키지 않은 문제			
학습시키지 않은 문제의 정답	도넛형	포도형	계란형
[학습 모델] 결과	○, ×	○, ×	○, ×

※ 학습이 잘되었으면 [모델 사용] 을 선택하여 편집 화면으로 이동합니다.

4 척척, 스스로 알아서 처리해!!

인공지능을 적용하여 문제를 해결해 봅시다.

예제 주소_ https://planet.mblock.cc/project/289459

✳ 카메라가 인식한 얼굴형을 알려 주는 프로그램을 만들어 봅시다.

① 화면 구성하기

➕ 현재는 실행한 후의 결과 화면입니다.

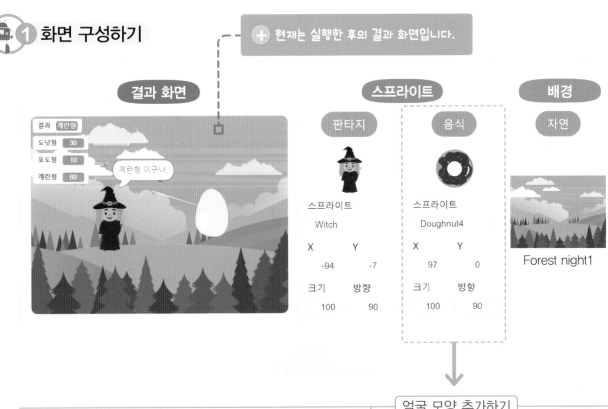

결과 화면	스프라이트		배경
	판타지	음식	자연

스프라이트
Witch

X	Y
-94	-7

크기	방향
100	90

스프라이트
Doughnut4

X	Y
97	0

크기	방향
100	90

Forest night1

결과 계란형
도넛형 30
포도형 10
계란형 60

계란형 이구나.

얼굴 모양 추가하기

앞에서 사용한 프로그램(104쪽)과 같은 화면에서 다음 스프라이트를 추가합니다.

① 스프라이트 – ➕추가 – 아이콘 – 🔵
(Ball) 스프라이트를 추가한 뒤, 스프라이트
이름을 '도넛형'으로 변경합니다.

② 추가한 'Ball' 스프라이트를 두 번 복사한 뒤,
각 모양의 이름을 '포도형'과 '계란형'으로 변
경합니다.

• 🔵 포도형 – ⭐모양 – 🔵 (ball-b)
모양으로 변경합니다.

• 🔵 계란형 – ⭐모양 – 🔵 (ball-c)
모양으로 변경합니다.

스프라이트	스프라이트 복사 후, 모양 변경1	스프라이트 복사 후, 모양 변경2
🔵	🔵	🔵

스프라이트
도넛형

X	Y
-119	129

크기	방향
20	90

스프라이트
포도형

X	Y
-119	94

크기	방향
20	90

스프라이트
계란형

X	Y
-118	65

크기	방향
20	90

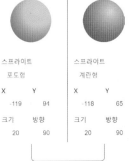

스프라이트를
각각 복사하여
포도형과 계란형
스프라이트를
추가합니다.

② 코드 작성하기

-  에서 '결과', '도넛형', '포도형', '계란형' 변수를 만듭니다.

- 이벤트 — '확인', '초기화' 메시지를 만듭니다.

- 확장 — (펜)을 추가합니다.

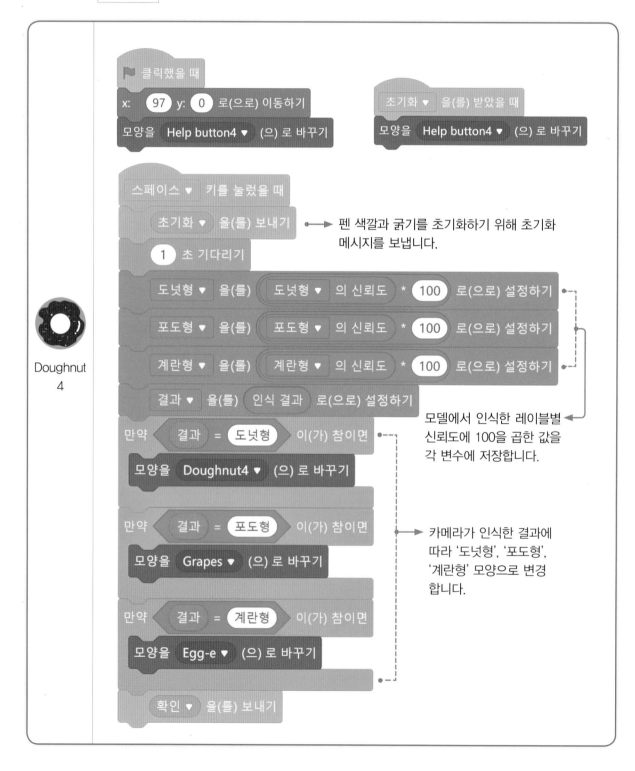

클릭했을 때

x: 97 y: 0 로(으로) 이동하기

모양을 Help button4 ▼ (으)로 바꾸기

초기화 ▼ 을(를) 받았을 때

모양을 Help button4 ▼ (으)로 바꾸기

Doughnut 4

스페이스 ▼ 키를 눌렀을 때

초기화 ▼ 을(를) 보내기 ●━━▶ 펜 색깔과 굵기를 초기화하기 위해 초기화 메시지를 보냅니다.

1 초 기다리기

도넛형 ▼ 을(를) 도넛형 ▼ 의 신뢰도 * 100 로(으로) 설정하기

포도형 ▼ 을(를) 포도형 ▼ 의 신뢰도 * 100 로(으로) 설정하기

계란형 ▼ 을(를) 계란형 ▼ 의 신뢰도 * 100 로(으로) 설정하기

결과 ▼ 을(를) 인식 결과 로(으로) 설정하기

모델에서 인식한 레이블별 신뢰도에 100을 곱한 값을 각 변수에 저장합니다.

만약 결과 = 도넛형 이(가) 참이면

모양을 Doughnut4 ▼ (으)로 바꾸기

만약 결과 = 포도형 이(가) 참이면

모양을 Grapes ▼ (으)로 바꾸기

카메라가 인식한 결과에 따라 '도넛형', '포도형', '계란형' 모양으로 변경합니다.

만약 결과 = 계란형 이(가) 참이면

모양을 Egg-e ▼ (으)로 바꾸기

확인 ▼ 을(를) 보내기

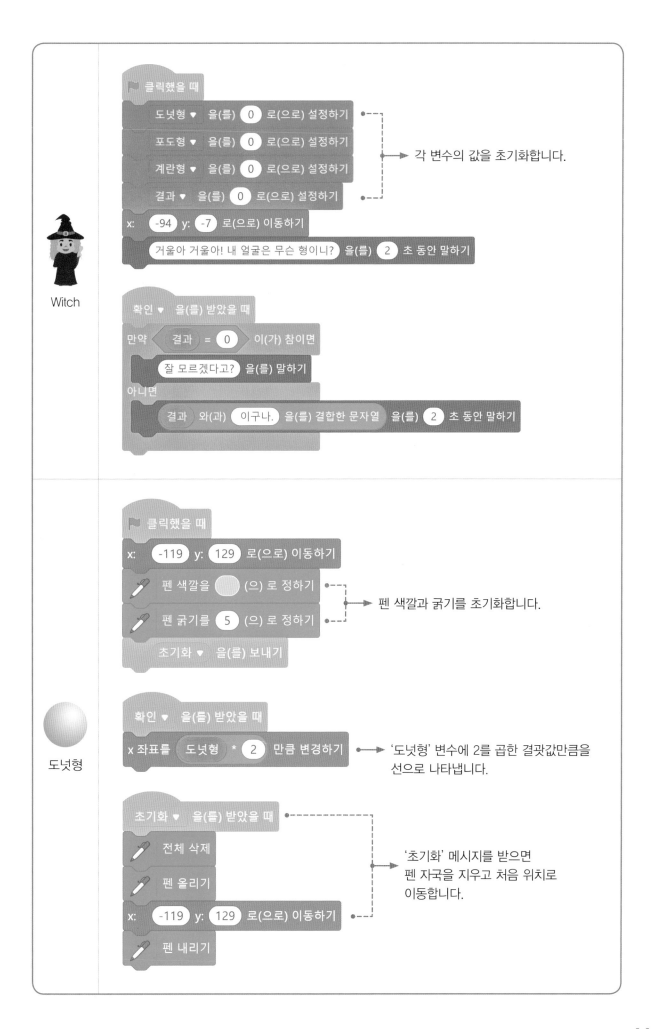

Witch

클릭했을 때
도넛형 ▼ 을(를) 0 로(으로) 설정하기
포도형 ▼ 을(를) 0 로(으로) 설정하기 ┈┈┈▶ 각 변수의 값을 초기화합니다.
계란형 ▼ 을(를) 0 로(으로) 설정하기
결과 ▼ 을(를) 0 로(으로) 설정하기
x: -94 y: -7 로(으로) 이동하기
거울아 거울아! 내 얼굴은 무슨 형이니? 을(를) 2 초 동안 말하기

확인 ▼ 을(를) 받았을 때
만약 결과 = 0 이(가) 참이면
잘 모르겠다고? 을(를) 말하기
아니면
결과 와(과) 이구나. 을(를) 결합한 문자열 을(를) 2 초 동안 말하기

도넛형

클릭했을 때
x: -119 y: 129 로(으로) 이동하기
펜 색깔을 (으)로 정하기 ┈┈▶ 펜 색깔과 굵기를 초기화합니다.
펜 굵기를 5 (으)로 정하기
초기화 ▼ 을(를) 보내기

확인 ▼ 을(를) 받았을 때
x 좌표를 도넛형 * 2 만큼 변경하기 ▶ '도넛형' 변수에 2를 곱한 결괏값만큼을
선으로 나타냅니다.

초기화 ▼ 을(를) 받았을 때
전체 삭제
펜 올리기 ▶ '초기화' 메시지를 받으면
펜 자국을 지우고 처음 위치로
x: -119 y: 129 로(으로) 이동하기 이동합니다.
펜 내리기

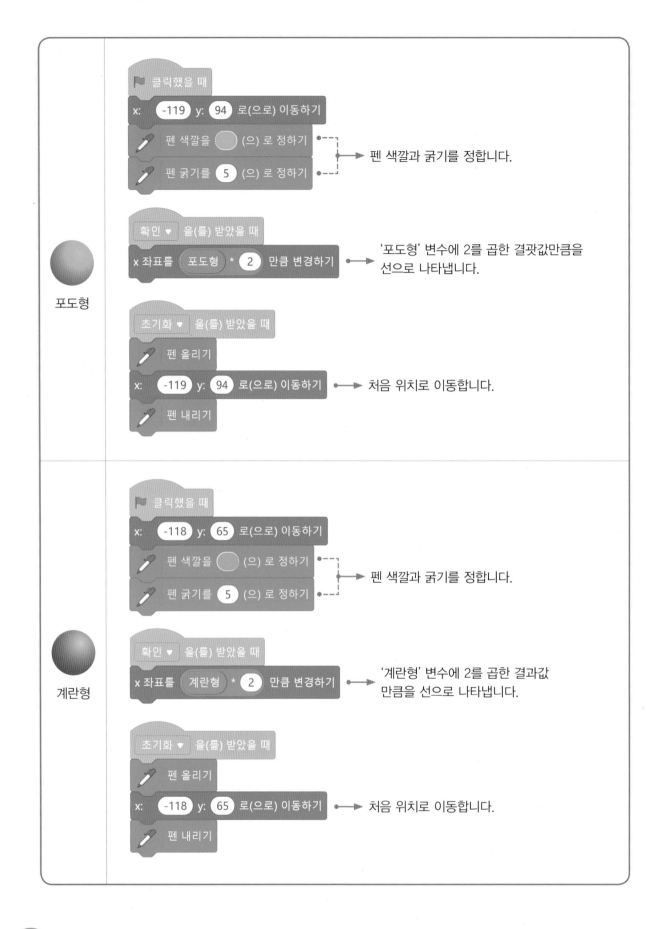

포도형

> 펜 색깔과 굵기를 정합니다.

> '포도형' 변수에 2를 곱한 결괏값만큼을 선으로 나타냅니다.

> 처음 위치로 이동합니다.

계란형

> 펜 색깔과 굵기를 정합니다.

> '계란형' 변수에 2를 곱한 결과값 만큼을 선으로 나타냅니다.

> 처음 위치로 이동합니다.

③ 실행 결과 확인하기

• 자신의 얼굴을 카메라에 비추면 얼굴형을 말해 주는지 확인합니다.

5 쑥쑥, 인공지능을 알게 돼!

이번 활동에서 적용한 인공지능에 대하여 함께 정리해 봅시다.

* 우리가 모델을 만드는 목적은 무엇일까요?

우리 반 친구들의 얼굴 사진을 학습하여 만들어진 모델이 있다면, 이 모델은 우리 반이 아닌 다른 반 친구들의 얼굴 사진을 입력받았을 때에도 비슷한 정확도로 예측할 수 있어야 합니다. 이것이 모델을 만드는 목적이라고 할 수 있습니다.

이때, 모델 학습에 사용된 데이터가 아닌 새로운 데이터에 대해 올바른 예측을 수행하는 능력을 **일반화**(generalization)라고 합니다.

즉, 일반화는 다른 외부의 데이터를 넣어도 훈련 데이터로 모델을 학습시켰을 때와 비슷한 결과를 얻는 것을 말합니다.

인공지능, 함께 생각해 봐요!

인공지능 윤리

데이터의 분류 기준

내가 만든 모델과 다른 사람이 만든 모델을 사용해서 내 얼굴을 인식했는데 두 모델의 얼굴형이 다른 결과로 나왔어요. 이유가 뭘까요? 여러분의 생각을 써 보고, 아래 내용과 비교해 보세요.

> 예 내가 생각하는 얼굴 모양의 기준이 다른 사람들과 다르기 때문입니다.
> 얼굴이 '둥글다', '모가 났다', '뾰족하다', '갸름하다'라고 생각하는 기준은 사람들마다 조금씩 다르기 때문에 같은 얼굴이더라도 만든 모델의 학습 내용에 따라 다른 결과가 나올 수 있습니다.

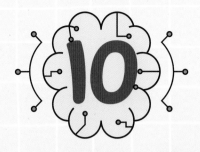

꽃 이름이 뭘까

높게 기르기

핵심 역량: 과학적 탐구 능력

여러 가지 식물의 생김새와 특징을 관찰하고
구별하는 능력을 키울 수 있습니다.

정확히 배우기

학습 목표

꽃 이름을 알아맞히는
프로그램을 만들 수 있습니다.

깊게 이해하기

인공지능 학습 요소

이진 분류, 다중 분류

 활동 전 넓게 생각해 보기

여러 가지 꽃들을 '예쁜 꽃', '미운 꽃'으로 분류할 수 있나요? 분류할 수 있다면 이 분류 기준은 사람들마다
같을까요?

똑똑, 무슨 일이니?

태환이가 선물로 꽃 화분을 받았어요. 그런데 이 꽃의 이름을 모르겠어요.

처음 보는 꽃을 선물 받았는데 이 꽃의 이름을 모르겠어요. 이 꽃의 이름을 알아야 키우는 방법을 검색해 볼 텐데. 꽃의 이름을 알아보려면 어떻게 해야 할까요?

* 처음 보는 꽃 사진을 입력하여 꽃의 이름을 알아보는 과정을 살펴봅시다.

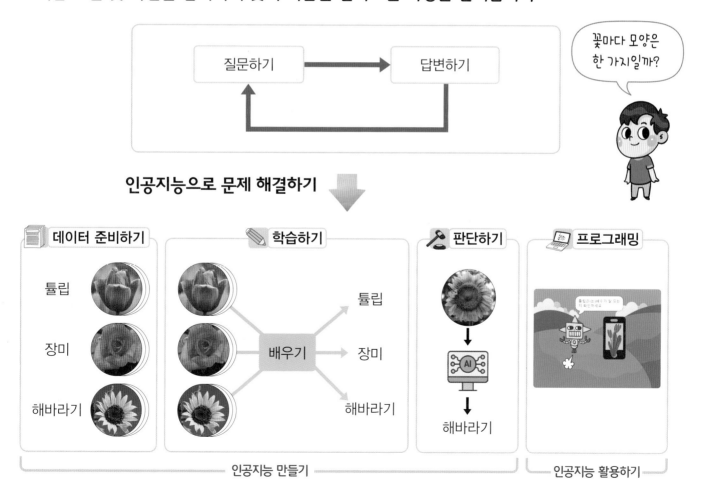

2 착착, 방법을 생각해!

문제 해결 방법을 생각해 보고, 그 방법에 따라 프로그램을 만들어 봅시다.

예제 주소_ https://planet.mblock.cc/project/289461

1 해결 방법 생각하기

① 꽃 이미지의 이름을 정하고 꽃 전문가들에게 질문합니다.

| 튤립 전문가 | 장미 전문가 | 해바라기 전문가 |

② 질문을 받은 꽃 전문가들은 해당하는 꽃 이름을 출력합니다.

질문하기 ⟶ 답변 확인하기

2 프로그래밍하기

① 화면 구성하기

 스프라이트 – – –
다른 모양(Flower20, Pot plant21)을 추가
하고, 세 개의 모양 이름(튤립, 장미, 해바라기)
을 변경합니다.

| 스프라이트 | 모양 추가1 | 모양 추가2 |
| 튤립 (Flower10) | 장미 (Flower20) | 해바라기 (Pot plant21) |

② 코드 작성하기

- 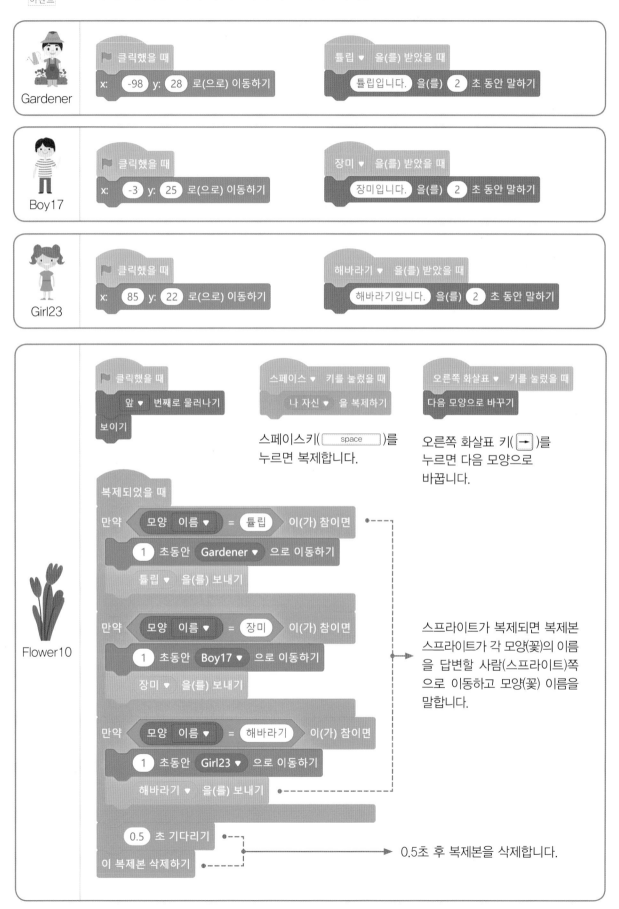 이벤트 — '튤립', '장미', '해바라기' 메시지를 만듭니다.

Gardener

클릭했을 때
x: -98 y: 28 로(으로) 이동하기

튤립 ▼ 을(를) 받았을 때
튤립입니다. 을(를) 2 초 동안 말하기

Boy17

클릭했을 때
x: -3 y: 25 로(으로) 이동하기

장미 ▼ 을(를) 받았을 때
장미입니다. 을(를) 2 초 동안 말하기

Girl23

클릭했을 때
x: 85 y: 22 로(으로) 이동하기

해바라기 ▼ 을(를) 받았을 때
해바라기입니다. 을(를) 2 초 동안 말하기

Flower10

클릭했을 때
앞 ▼ 번째로 물러나기
보이기

스페이스 ▼ 키를 눌렀을 때
나 자신 ▼ 을 복제하기

스페이스키(space)를 누르면 복제합니다.

오른쪽 화살표 ▼ 키를 눌렀을 때
다음 모양으로 바꾸기

오른쪽 화살표 키(→)를 누르면 다음 모양으로 바꿉니다.

복제되었을 때
만약 모양 이름 ▼ = 튤립 이(가) 참이면
  1 초동안 Gardener ▼ 으로 이동하기
  튤립 ▼ 을(를) 보내기
만약 모양 이름 ▼ = 장미 이(가) 참이면
  1 초동안 Boy17 ▼ 으로 이동하기
  장미 ▼ 을(를) 보내기
만약 모양 이름 ▼ = 해바라기 이(가) 참이면
  1 초동안 Girl23 ▼ 으로 이동하기
  해바라기 ▼ 을(를) 보내기
0.5 초 기다리기
이 복제본 삭제하기

스프라이트가 복제되면 복제본 스프라이트가 각 모양(꽃)의 이름을 답변할 사람(스프라이트)쪽으로 이동하고 모양(꽃) 이름을 말합니다.

0.5초 후 복제본을 삭제합니다.

③ 실행 결과 확인하기

• 스페이스키를 누르면 꽃 모양 스프라이트가 각각의 꽃 전문가에게 이동하고 꽃 이름을 말하는지 확인합니다.

• 오른쪽 화살표를 누르면 꽃 모양이 바뀌는지 확인합니다.

> 같은 종류의 꽃들이라도 색이나 모양들이 다양해서 구분하는 것이 힘들어요.

✔ 프로그래밍 체크 리스트

아래의 항목을 읽고, '예', '아니요'에 ∨로 표시해 보세요.

항목	예	아니요
다른 색, 다른 모양인 같은 종류의 꽃을 잘 구별할 수 있나요?	☐	☐
프로그램에서 사용된 꽃 이외에 다른 꽃의 이름도 알 수 있나요?	☐	☐

3 쏙쏙, 공부해 보자!

인공지능을 적용하기 위해 컴퓨터를 학습시켜 봅시다.

＊ 컴퓨터에게 다양한 꽃 이미지를 학습시킨 다음, 꽃의 이름을 알아맞히는 과정을 확인해 봅시다.

인공지능 학습 알고리즘

데이터 준비하기	학습하기	판단하기
다양한 형태의 '튤립', '장미', '해바라기' 사진을 분류하여 준비합니다.	분류한 꽃들의 사진을 정답과 함께 학습시킵니다.	학습시키지 않은 꽃의 사진을 카메라에 비추어 나온 결과가 정답인지 확인합니다.

119쪽 꽃 사진과 인공지능 데이터 카드의 사진이 다를 수 있어요.

＊ 인공지능 학습 알고리즘에 따라 컴퓨터를 학습시켜 봅시다.

 1 데이터 준비하기

꽃 데이터를 분류하여 준비합니다.

튤립	장미	해바라기

 **학습하기**

준비한 세 가지 꽃 데이터에서 각각 1개씩을 빼고 나머지를 학습시킵니다.

① [+확장] — (기계 학습)을 추가하고, [TM] — [학습 모델]을 선택합니다.

② [새로운 모델 만들기]를 선택한 뒤, 모델 카테고리 수에 '3'을 입력하고 확인을 누릅니다.

③ 목록 이름을 입력하고 카메라로 이미지를 인식한 뒤, (배우기)를 누릅니다.

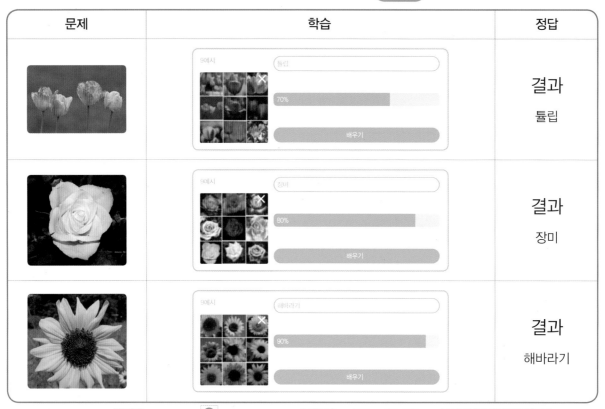

문제	학습	정답
	9예시 튤립 70% 배우기	결과 튤립
	9예시 장미 80% 배우기	결과 장미
	9예시 해바라기 90% 배우기	결과 해바라기

※ 모든 카테고리별 (배우기)가 끝나면 [TM] 블록 꾸러미에 (인식 결과), (튤립 ▼ 의 신뢰도), (인식 결과는 튤립 ▼ 입니까?) 블록이 생깁니다.

판단하기

학습시키지 않은 데이터를 인식시켜 정답이 같으면 ○, 다르면 ×에 ○표 해 봅시다.

학습시키지 않은 문제			
학습시키지 않은 문제의 정답	튤립	장미	해바라기
[학습 모델] 결과	○, ×	○, ×	○, ×

※ 학습이 잘되었으면 [모델 사용]을 선택하여 편집 화면으로 이동합니다.

척척, 스스로 알아서 처리해!!

인공지능을 적용하여 문제를 해결해 봅시다.

예제 주소_ https://planet.mblock.cc/project/289463

* 카메라가 인식한 꽃의 이름을 알려 주는 프로그램을 만들어 봅시다.

1 화면 구성하기

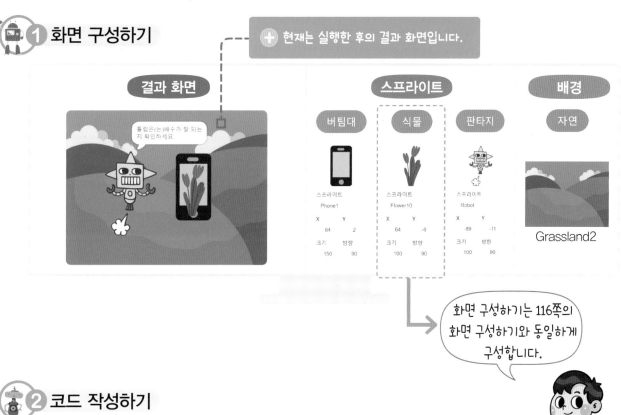

+ 현재는 실행한 후의 결과 화면입니다.

화면 구성하기는 116쪽의 화면 구성하기와 동일하게 구성합니다.

2 코드 작성하기

- 변수 —  에서 '꽃', '설명' 변수를 만듭니다.

- 이벤트 — '확인' 메시지를 만듭니다.

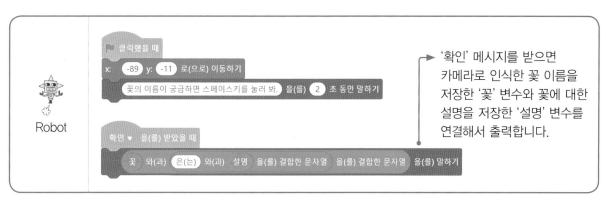

'확인' 메시지를 받으면 카메라로 인식한 꽃 이름을 저장한 '꽃' 변수와 꽃에 대한 설명을 저장한 '설명' 변수를 연결해서 출력합니다.

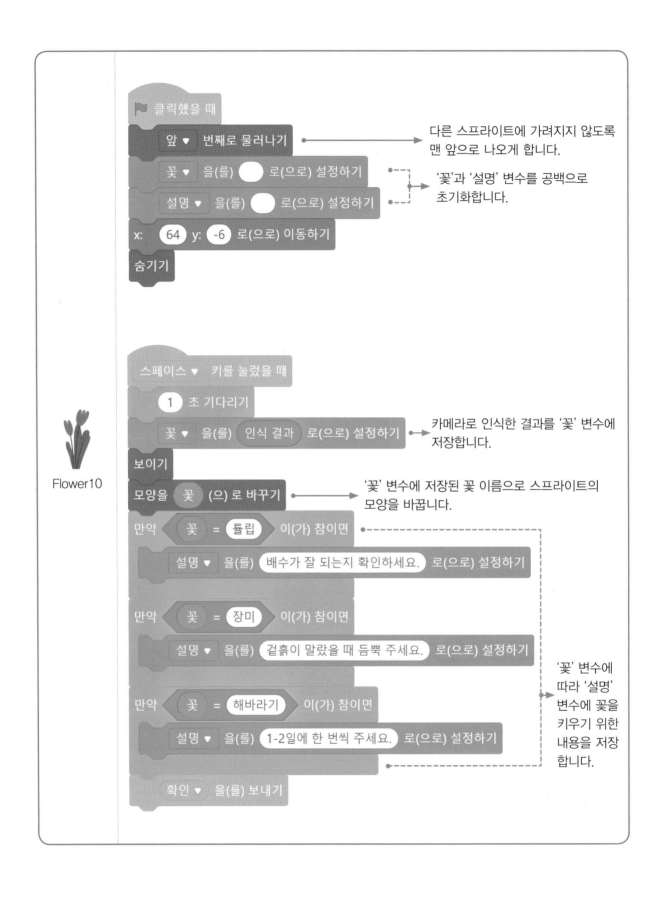

클릭했을 때

앞 ▼ 번째로 물러나기 → 다른 스프라이트에 가려지지 않도록 맨 앞으로 나오게 합니다.

꽃 ▼ 을(를) ( ) 로(으로) 설정하기

설명 ▼ 을(를) ( ) 로(으로) 설정하기 → '꽃'과 '설명' 변수를 공백으로 초기화합니다.

x: 64 y: -6 로(으로) 이동하기

숨기기

Flower10

스페이스 ▼ 키를 눌렀을 때

1 초 기다리기

꽃 ▼ 을(를) 인식 결과 로(으로) 설정하기 → 카메라로 인식한 결과를 '꽃' 변수에 저장합니다.

보이기

모양을 꽃 (으)로 바꾸기 → '꽃' 변수에 저장된 꽃 이름으로 스프라이트의 모양을 바꿉니다.

만약 꽃 = 튤립 이(가) 참이면

설명 ▼ 을(를) 배수가 잘 되는지 확인하세요. 로(으로) 설정하기

만약 꽃 = 장미 이(가) 참이면

설명 ▼ 을(를) 겉흙이 말랐을 때 듬뿍 주세요. 로(으로) 설정하기

만약 꽃 = 해바라기 이(가) 참이면

설명 ▼ 을(를) 1-2일에 한 번씩 주세요. 로(으로) 설정하기

확인 ▼ 을(를) 보내기

'꽃' 변수에 따라 '설명' 변수에 꽃을 키우기 위한 내용을 저장 합니다.

③ 실행 결과 확인하기

• 학습시키지 않은 꽃 이미지를 카메라에 비추면 튤립, 장미, 해바라기 꽃 중에서 비슷한 특징을 갖는 꽃의 이름을 말하는지 확인합니다.

5 쑥쑥, 인공지능을 알게 돼!

이번 활동에서 적용한 인공지능에 대하여 정리해 봅시다.

✽ 이진 분류와 다중 분류는 무엇일까요?

우리는 튤립, 장미, 해바라기로 분류한 세 가지 꽃의 학습 데이터로 학습 모델을 만들었습니다. 엠블록은 기본적으로 3개 이상의 카테고리(그룹)로 모델을 만들어 사용해야 합니다.

이처럼 분류한 카테고리(그룹)의 개수가 2개인 경우를 '**이진 분류**(두 개로 나누기)', 3개 이상인 경우를 '**다중 분류**(여러 개로 나누기)'라고 합니다.

이 교재에서는 다중 분류만 사용합니다. 이진 분류와 다중 분류로 구분할 수 있는 예를 인터넷으로 검색하여 적어 봅시다.

이진 분류		다중 분류		

남자	여자	튤립	장미	해바라기

인공지능, 함께 생각해 봐요!

인공지능 윤리

인공지능 미인 대회

'뷰티닷에이아이'는 최초로 로봇 판정단으로만 이루어진 미인 대회예요. 인공지능이 많은 사람의 사진 데이터로 얼굴 균형, 피부, 주름 등 아름다움을 구분할 수 있는 기준을 정하여 6천 명의 참가자들의 외모 순위를 매겼어요. 그 결과 미인으로 뽑힌 44명의 대부분은 백인이었어요. 이유가 뭘까요? 여러분의 생각을 써 보고, 아래 내용과 비교해 보세요.

> 예 백인 위주의 데이터로 학습되어 데이터가 중립적이지 못했기 때문에 인간의 편견이 반영된 결과입니다.

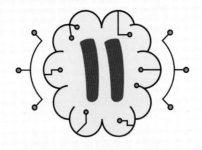

입 모양을 읽어요

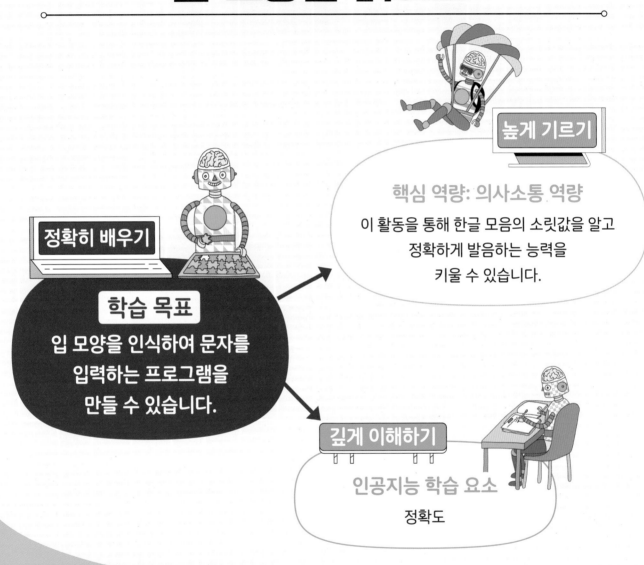

정확히 배우기

학습 목표

입 모양을 인식하여 문자를
입력하는 프로그램을
만들 수 있습니다.

높게 기르기

핵심 역량: 의사소통 역량

이 활동을 통해 한글 모음의 소릿값을 알고
정확하게 발음하는 능력을
키울 수 있습니다.

깊게 이해하기

인공지능 학습 요소

정확도

활동 전 넓게 생각해 보기

사람의 입 모양만 보고 대화 내용을 정확히 알 수 있을까요?

1 똑똑, 무슨 일이니?

성식이가 햇님이에게 얘기하고 있어요. 그런데 그 얘기가 햇님이에게 들리지 않아요.

거리에서 공연하고 있는 음악가들의 노랫소리 때문에 옆에 있는 성식이의 목소리가 들리지 않아요.
성식이는 햇님이에게 무슨 말을 하고 있는 것일까요?

* 입 모양을 보고 소릿값을 찾는 과정을 살펴봅시다.

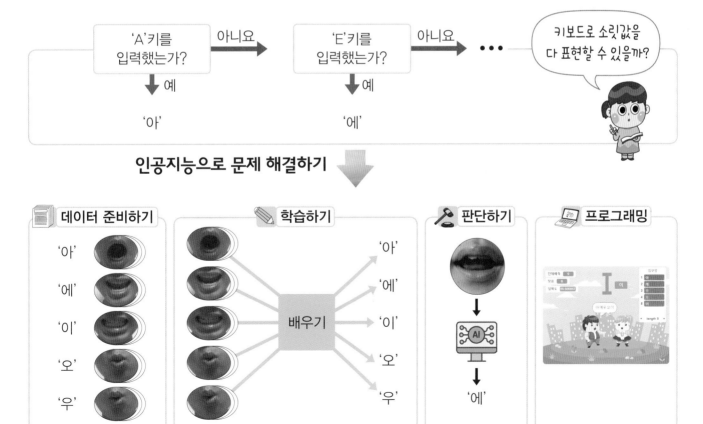

착착, 방법을 생각해!

문제 해결 방법을 생각해 보고, 그 방법에 따라 프로그램을 만들어 봅시다.

예제 주소_ https://planet.mblock.cc/project/289468

1 해결 방법 생각하기

① 소릿값을 변환하기 위해 키보드로 알파벳을 입력합니다.

구분	[a]	[e]	[i]	[o]	[u]
소리	아	에	이	오	우
기호	ㅏ	ㅔ	ㅣ	ㅗ	ㅜ

② 알파벳 'A'는 '아', 'E'는 '에', 'I'는 '이', 'O'는 '오', 'U'는 '우'로 변환합니다.

> 키보드 입력하기 ⟶ 소릿값 변환하기

2 프로그래밍하기

① 화면 구성하기

스프라이트	모양 추가1	모양 추가2	모양 추가3	모양 추가4

ZPixel-A	ZPixel-E	ZPixel-I	ZPixel-O	ZPixel-U

• 스프라이트 – 모양 – 모양 추가 – 다른 모양(ZPixel-E, ZPixel-I, ZPixel-O, ZPixel-U)을 추가합니다.

② 코드 작성하기

- 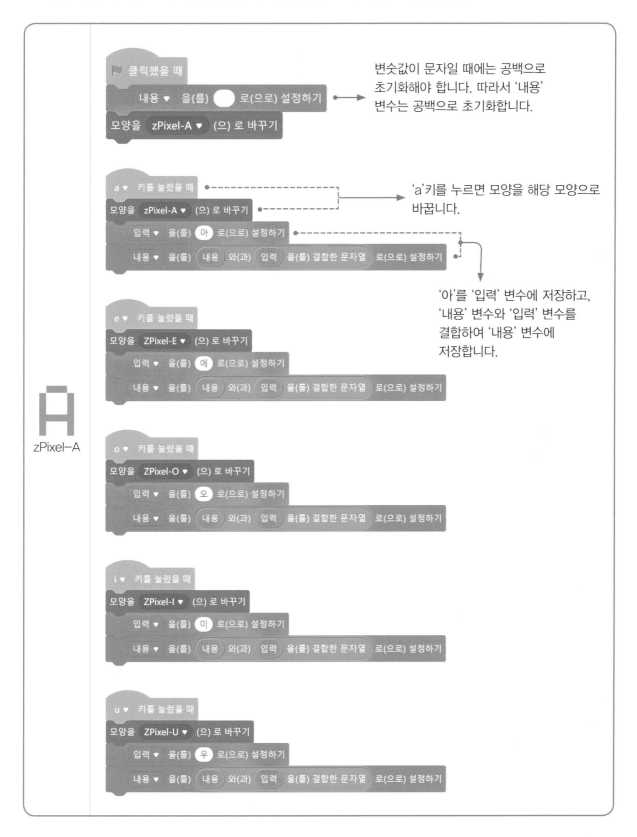● 변수 ― 변수 만들기 에서 '입력', '내용' 변수를 만듭니다.

변수이름-변수값 보기

변수값 크게 보기

슬라이더 사용하기

- 화면에 표시된 내용 글자 위에서 마우스의 오른쪽 버튼을 클릭하여 '변수값 크게 보기'를 선택합니다.
- '내용' 변수의 체크 박스를 해제하여 화면에서 보이지 않도록 합니다.

▶ 클릭했을 때
내용 ▼ 을(를) ◯ 로(으로) 설정하기
모양을 zPixel-A ▼ (으)로 바꾸기

> 변숫값이 문자일 때에는 공백으로 초기화해야 합니다. 따라서 '내용' 변수는 공백으로 초기화합니다.

a ▼ 키를 눌렀을 때
모양을 zPixel-A ▼ (으)로 바꾸기
입력 ▼ 을(를) 아 로(으로) 설정하기
내용 ▼ 을(를) (내용 와(과) 입력 을(를) 결합한 문자열) 로(으로) 설정하기

> 'a'키를 누르면 모양을 해당 모양으로 바꿉니다.

> '아'를 '입력' 변수에 저장하고, '내용' 변수와 '입력' 변수를 결합하여 '내용' 변수에 저장합니다.

e ▼ 키를 눌렀을 때
모양을 ZPixel-E ▼ (으)로 바꾸기
입력 ▼ 을(를) 에 로(으로) 설정하기
내용 ▼ 을(를) (내용 와(과) 입력 을(를) 결합한 문자열) 로(으로) 설정하기

o ▼ 키를 눌렀을 때
모양을 ZPixel-O ▼ (으)로 바꾸기
입력 ▼ 을(를) 오 로(으로) 설정하기
내용 ▼ 을(를) (내용 와(과) 입력 을(를) 결합한 문자열) 로(으로) 설정하기

i ▼ 키를 눌렀을 때
모양을 ZPixel-I ▼ (으)로 바꾸기
입력 ▼ 을(를) 이 로(으로) 설정하기
내용 ▼ 을(를) (내용 와(과) 입력 을(를) 결합한 문자열) 로(으로) 설정하기

u ▼ 키를 눌렀을 때
모양을 ZPixel-U ▼ (으)로 바꾸기
입력 ▼ 을(를) 우 로(으로) 설정하기
내용 ▼ 을(를) (내용 와(과) 입력 을(를) 결합한 문자열) 로(으로) 설정하기

zPixel-A

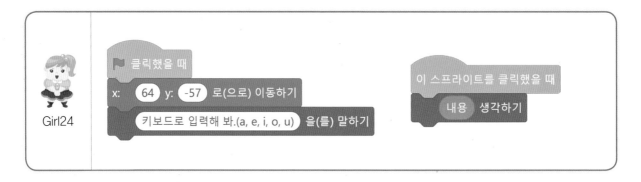

③ 실행 결과 확인하기

• 키보드로 알파벳 'A', 'E', 'I', 'O', 'U'를 입력하면, '아', '에', '이', '오', '우'를 출력하는지 확인합니다.

✓ 프로그래밍 체크 리스트

아래의 항목을 읽고, '예', '아니요'에 ∨로 표시해 보세요.

항목	예	아니요
모든 소릿값을 키보드로 입력할 수 있나요?	☐	☐
컴퓨터 키보드 입력이 어려운 사람도 사용할 수 있나요?	☐	☐

3 쏙쏙, 공부해 보자!

인공지능을 적용하기 위해 컴퓨터를 학습시켜 봅시다.

＊ 컴퓨터에게 다양한 입 모양을 학습시킨 다음, 소릿값을 판단하는 과정을 확인해 봅시다.

인공지능 학습 알고리즘

데이터 준비하기

'아', '에', '이', '오', '우'를 발음할 때의 입 모양을 카메라로 촬영하고 사진을 분류하여 준비합니다.

➡

학습하기

분류한 입 모양의 사진을 정답과 함께 학습시킵니다.

➡

판단하기

학습시키지 않은 입 모양 사진을 카메라에 비추어 나온 결과가 정답인지 확인합니다.

＊ 인공지능 학습 알고리즘에 따라 컴퓨터를 학습시켜 봅시다.

친구가 '아', '에', '이', '오', '우'를 발음할 때의 입 모양을 카메라로 촬영하세요. 이때 다섯 가지 입모양이 비슷하지 않도록 하세요.

1 데이터 준비하기

입 모양 데이터를 분류하여 준비합니다.

| 아 | 에 | 이 | 오 | 우 |

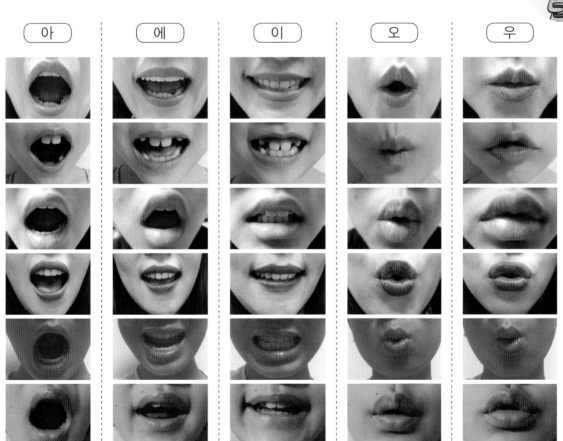

 **학습하기**

준비한 다섯 가지 입 모양 데이터에서 각각 1개씩을 빼고 나머지를 학습시킵니다.

① (기계 학습)을 추가하고, TM — 학습 모델 을 선택합니다.

② 새로운 모델 만들기 를 선택한 뒤, 모델 카테고리 수에 '5'를 입력하고 확인을 누릅니다.

③ 목록 이름을 입력하고 카메라로 이미지를 인식한 뒤, 배우기 를 누릅니다.

문제	학습	정답
		결과 아
		결과 에
		결과 이
		결과 오
		결과 우

※ 모든 카테고리별 배우기 가 끝나면 TM 블록 꾸러미에 인식 결과 , 아 ♥ 의 신뢰도 , 인식 결과는 아 ♥ 입니까? 블록이 생깁니다.

판단하기

학습시키지 않은 데이터를 인식시켜 정답과 같으면 ○, 다르면 ×에 ○표 해 봅시다.

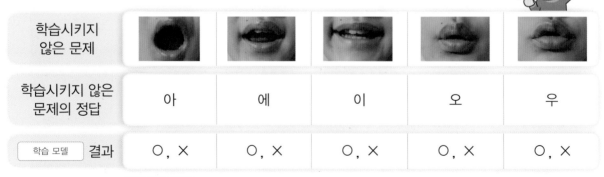

학습시키지 않은 문제					
학습시키지 않은 문제의 정답	아	에	이	오	우
학습 모델 결과	○, ×	○, ×	○, ×	○, ×	○, ×

※ 학습이 잘되었으면 모델 사용 을 선택하여 편집 화면으로 이동합니다.

4 척척, 스스로 알아서 처리해!!

인공지능을 적용하여 문제를 해결해 봅시다.

예제 주소_ https://planet.mblock.cc/project/289475

* 카메라가 인식한 입 모양의 소릿값을 판단해 알려 주는 프로그램을 만들어 봅시다.

1 화면 구성하기

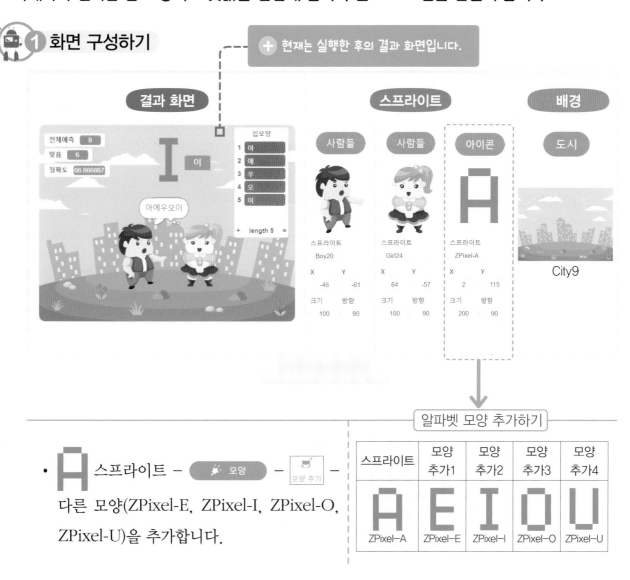

	모양 추가1	모양 추가2	모양 추가3	모양 추가4
스프라이트	A	E	I	O U
	ZPixel-A	ZPixel-E	ZPixel-I	ZPixel-O	ZPixel-U

알파벳 모양 추가하기

• 스프라이트 – 모양 – 모양 추가 – 다른 모양(ZPixel-E, ZPixel-I, ZPixel-O, ZPixel-U)을 추가합니다.

2 코드 작성하기

• 변수 – 변수 만들기 에서 '입력', '전체예측', '맞음', '정확도' 변수를 만듭니다.

• 변수 – 리스트 만들기 에서 '입모양' 리스트를 만듭니다.

• 결과 화면에 표시된 주황색 빈칸 위에서 마우스 오른쪽 버튼 클릭 후 '변수값 크게 보기'를 선택합니다.

변수이름-변수값 보기

변수값 크게 보기

슬라이더 사용하기

• 이벤트 – '확인' 메시지를 만듭니다.

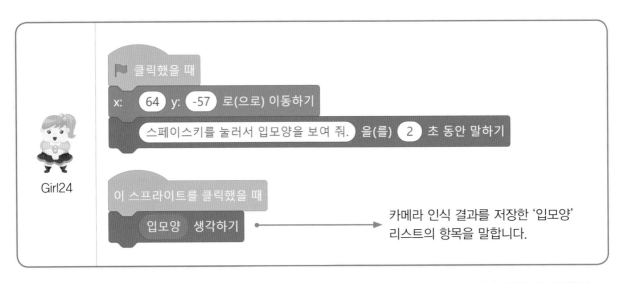

카메라 인식 결과를 저장한 '입모양' 리스트의 항목을 말합니다.

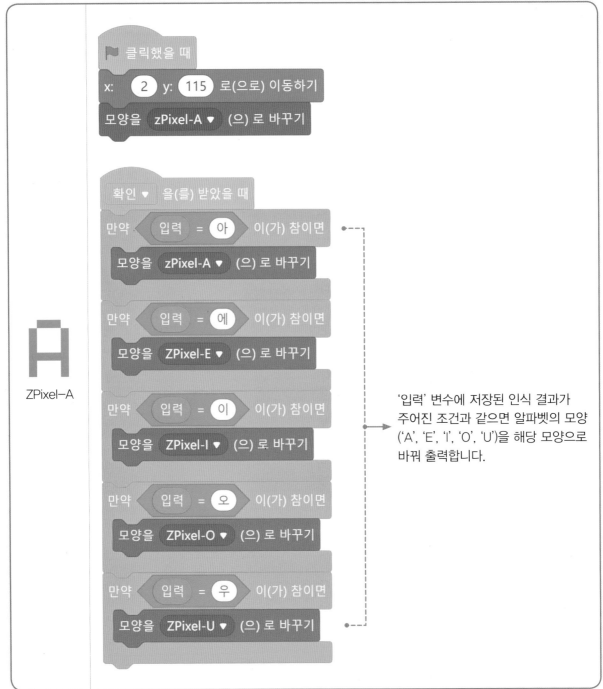

'입력' 변수에 저장된 인식 결과가 주어진 조건과 같으면 알파벳의 모양 ('A', 'E', 'I', 'O', 'U')을 해당 모양으로 바꿔 출력합니다.

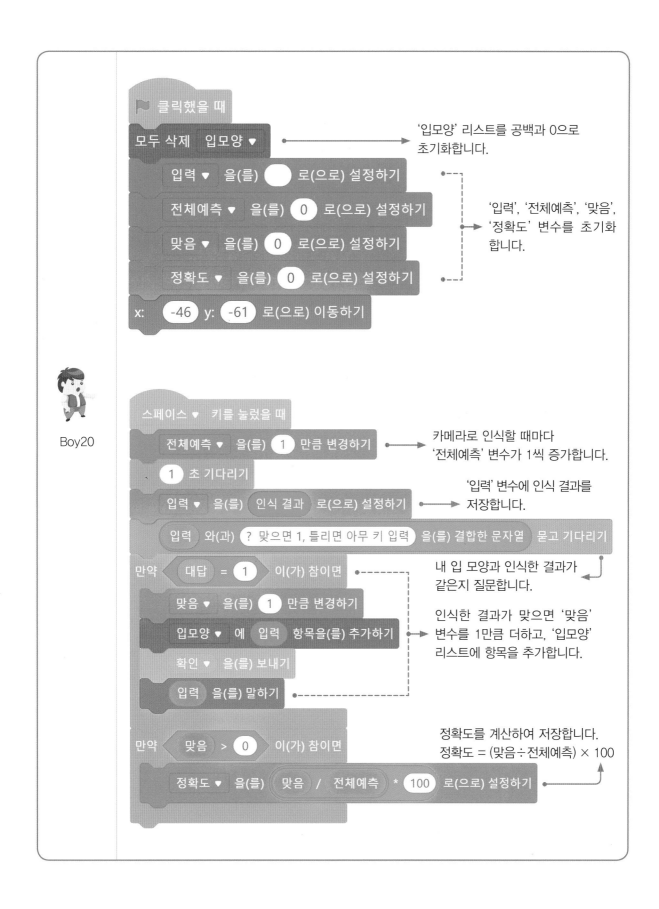

클릭했을 때

모두 삭제 입모양 ▼ ──────▶ '입모양' 리스트를 공백과 0으로
초기화합니다.

입력 ▼ 을(를) ( ) 로(으로) 설정하기

전체예측 ▼ 을(를) 0 로(으로) 설정하기 ──▶ '입력', '전체예측', '맞음',
'정확도' 변수를 초기화
맞음 ▼ 을(를) 0 로(으로) 설정하기 합니다.

정확도 ▼ 을(를) 0 로(으로) 설정하기

x: -46 y: -61 로(으로) 이동하기

Boy20

스페이스 ▼ 키를 눌렀을 때

전체예측 ▼ 을(를) 1 만큼 변경하기 ──▶ 카메라로 인식할 때마다
'전체예측' 변수가 1씩 증가합니다.
1 초 기다리기
'입력' 변수에 인식 결과를
입력 ▼ 을(를) 인식 결과 로(으로) 설정하기 ──▶ 저장합니다.

입력 와(과) ? 맞으면 1, 틀리면 아무 키 입력 을(를) 결합한 문자열 묻고 기다리기

만약 대답 = 1 이(가) 참이면 내 입 모양과 인식한 결과가
같은지 질문합니다.
맞음 ▼ 을(를) 1 만큼 변경하기
인식한 결과가 맞으면 '맞음'
입모양 ▼ 에 입력 항목을(를) 추가하기 ──▶ 변수를 1만큼 더하고, '입모양'
리스트에 항목을 추가합니다.
확인 ▼ 을(를) 보내기

입력 을(를) 말하기

정확도를 계산하여 저장합니다.
만약 맞음 > 0 이(가) 참이면 정확도 = (맞음÷전체예측) × 100

정확도 ▼ 을(를) 맞음 / 전체예측 * 100 로(으로) 설정하기 ──▶

3 실행 결과 확인하기

• 학습시키지 않은 입 모양을 카메라에 비추면 '아, 에, 이, 오, 우' 중에서 비슷한 특징을 갖는
입 모양(글자)을 출력하는지 확인합니다.

5 쑥쑥, 인공지능을 알게 돼!

이번 활동에서 적용한 인공지능에 대하여 정리해 봅시다.

✽ 정확도란 무엇일까요?

기계 학습에서 입력 데이터를 받아 결과를 예측하는 것을 모델(Model)이라고 합니다. 모델은 주어진 데이터에 대한 최상의 결과를 만들기 위해 훈련합니다.

학습 데이터 세트를 사용하여 학습한 모델의 성능을 확인하기 위한 여러 기준 중 '**정확도**'는 모든 분류 건수 중에서 모델이 몇 개의 정답을 맞혔는가를 나타냅니다.

하지만, 정확도(Accuracy)가 모델의 성능을 결정하는 유일한 방법은 아닙니다.

자신의 모델이 테스트 데이터로도 좋은 성능을 보일 수 있도록 충분한 양의 데이터로 학습시켜야 합니다.

기계(컴퓨터)에게 남자 아이와 여자 아이의 얼굴 데이터를 학습시키고, 아래의 그림처럼 남자 아이 5명과 여자 아이 5명의 사진을 카메라에 인식시켰습니다. 이때 결과가 여성 1명을 남성으로, 남성 1명을 여성으로 판단했다면 10명 중 8명을 정확하게 판단했으므로 정확도는 80%라고 할 수 있습니다.

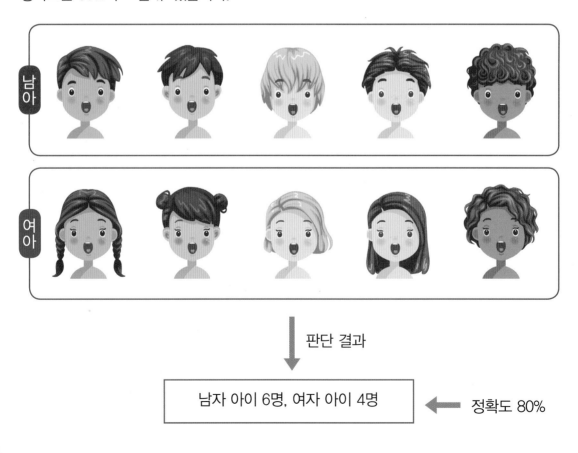

남아

여아

↓ 판단 결과

남자 아이 6명, 여자 아이 4명 ← 정확도 80%

인공지능, 함께 생각해 봐요!

인공지능 윤리

독순술

'독순술'이라는 말을 들어 본 적이 있나요? 말할 때 움직이는 입술의 모양을 읽어서 상대방이 무슨 말을 하는지 알아내는 기술을 말해요. 사람의 말을 귀가 아닌 입 모양을 읽어서 상대방이 하는 말을 알아듣는 인공지능 기술은 청각 장애인의 대화를 돕고, 목소리가 녹음되지 않은 동영상을 해석하는 등 여러 분야에 활용될 수 있어요. 그렇지만 바람직하지 않은 방향으로 이용될 수도 있어요. '독순술'을 갖게 되는 인공지능에 대한 여러분의 생각을 써 보고, 아래 내용과 비교해 보세요.

찬성	반대

예 청각 장애인과 같은 사회적 약자를 돕거나, 시끄러운 소음 속에서도 상대방의 말을 알아들을 수 있다면 유익한 인공지능 기술이라고 생각합니다.

예 음성 없이 동영상만 녹화된 공공 CCTV에 등장하는 사람들의 입 모양으로 대화를 유추할 수도 있다면 사생활 보호 측면에서 좋지 않다고 생각합니다.

손으로 말해요

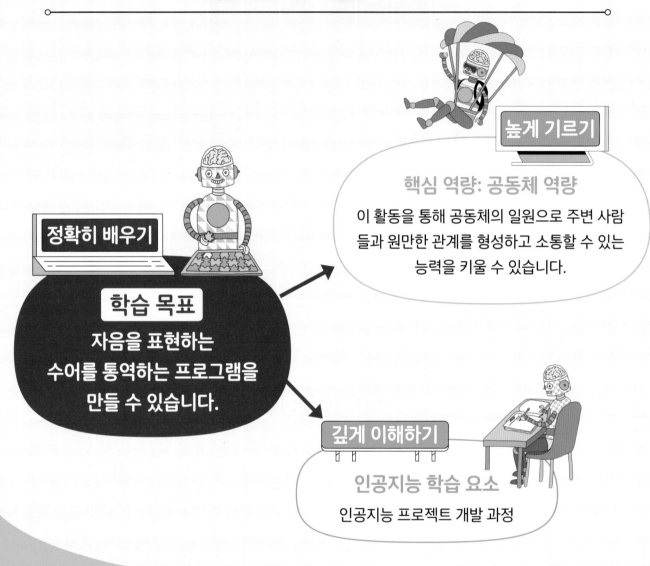

정확히 배우기

학습 목표

자음을 표현하는
수어를 통역하는 프로그램을
만들 수 있습니다.

높게 기르기

핵심 역량: 공동체 역량

이 활동을 통해 공동체의 일원으로 주변 사람들과 원만한 관계를 형성하고 소통할 수 있는 능력을 키울 수 있습니다.

깊게 이해하기

인공지능 학습 요소

인공지능 프로젝트 개발 과정

활동 전 넓게 생각해 보기

청각 장애가 있어 말을 하지 못하는 사람들과 의사소통이 가능하도록 수어를 인식하는 인공지능 프로그램이 있다면 어떨까요?

똑똑, 무슨 일이니?

조선시대 과학자를 묻는 퀴즈의 힌트는 선생님의 수어예요.

"자동으로 시간을 알려 주는 물시계인 자격루를 만든 조선 시대 과학자는 누구일까요?"라고 선생님이 퀴즈를 내고 수어로 첫 소리 힌트를 주셨어요. 선생님의 수어는 무엇을 말하고 있는 걸까요?

* 한글 자음을 의미하는 수어를 통역하여 선생님의 첫 소리 힌트를 알아보는 과정을 살펴봅시다.

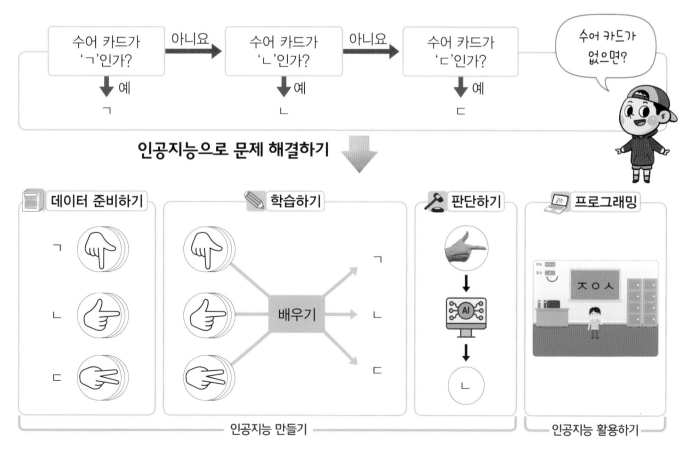

2 착착, 방법을 생각해!

문제 해결 방법을 생각해 보고, 그 방법에 따라 프로그램을 만들어 봅시다.

예제 주소_ https://planet.mblock.cc/project/289477

1 해결 방법 생각하기

① 수어의 의미를 알 수 있도록 수어 그림을 그린 다음, 해당하는 자음을 써 놓습니다.

자음 'ㄱ'	자음 'ㄴ'	자음 'ㄷ'

② 조건문을 이용하여 수어가 뜻하는 글자가 무엇인지 확인합니다.

수어 그림 확인하기 결과 확인하기

2 프로그래밍하기

① 화면 구성하기

? 선생님 도와주세요!

※ 수어(자음) 카드 이미지 추가하기

• 인터넷 주소 창에 https://bit.ly/3grSfP1를 입력
하고 마우스 오른쪽 버튼을 눌러서 수어 카드 이미
지를 다운로드합니다.

• 스프라이트 탭 – ⊕추가 – ⬆업로드 – 파일 열기 창 – 수어 카드 이미지를 클릭해서
'나의 스프라이트'로 추가한 뒤, 스프라이트를 추가합니다.

② 코드 작성하기

- 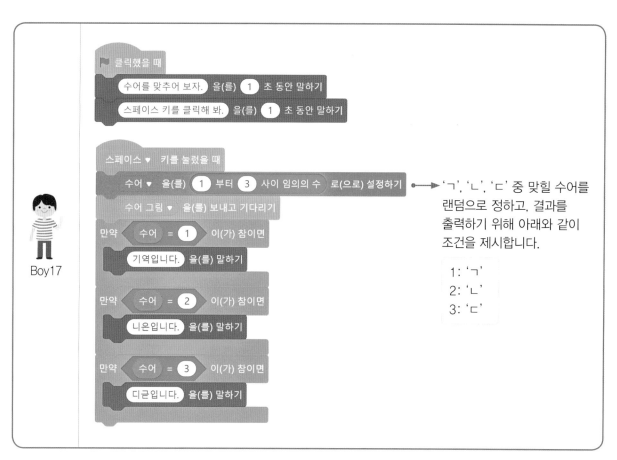 — 변수 만들기 에서 '수어' 변수를 만듭니다.

- 이벤트 — '수어 그림' 메시지를 만듭니다.

'ㄱ', 'ㄴ', 'ㄷ' 중 맞힐 수어를 랜덤으로 정하고, 결과를 출력하기 위해 아래와 같이 조건을 제시합니다.

1: 'ㄱ'
2: 'ㄴ'
3: 'ㄷ'

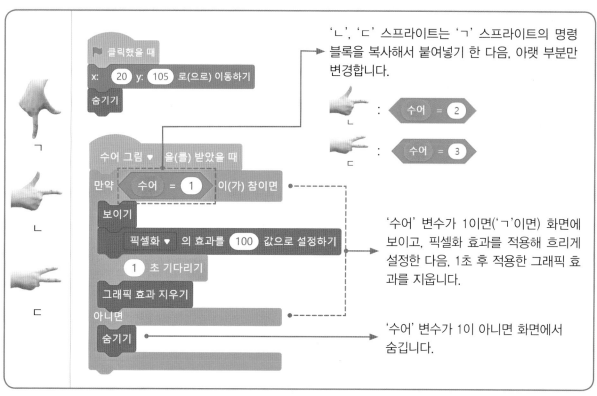

'ㄴ', 'ㄷ' 스프라이트는 'ㄱ' 스프라이트의 명령 블록을 복사해서 붙여넣기 한 다음, 아랫 부분만 변경합니다.

ㄴ : 수어 = 2

ㄷ : 수어 = 3

'수어' 변수가 1이면('ㄱ'이면) 화면에 보이고, 픽셀화 효과를 적용해 흐리게 설정한 다음, 1초 후 적용한 그래픽 효과를 지웁니다.

'수어' 변수가 1이 아니면 화면에서 숨깁니다.

③ 실행 결과 확인하기

• 스페이스키를 누르면 랜덤으로 수어의 손 모양이 화면에 출력되는지 확인합니다.
• 화면 상단에 출력된 손 모양의 의미가 말풍선으로 출력되는지 확인합니다.

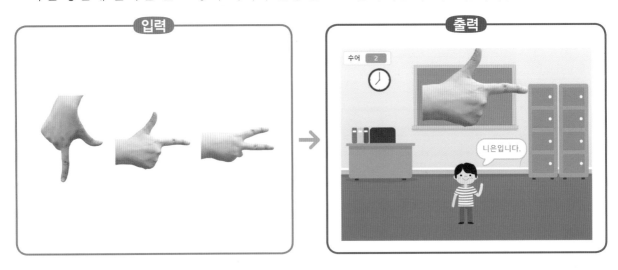

수어의 의미를 설명하는 수어 카드가 없으면
수어 통역이 불가능한가요?

✔ 프로그래밍 체크 리스트

아래의 항목을 읽고, '예', '아니요'에 ∨로 표시해 보세요.

항목	예	아니요
수어로 말하는 사람의 손 모양과 일치하는 수어 카드를 빨리 찾을 수 있나요?	☐	☐
그 밖에 다른 의미의 수어 카드를 모두 수집할 수 있나요?	☐	☐
수어에 대한 설명이 없어도 수어의 의미를 알아맞힐 수 있나요?	☐	☐

⬤ 14개 자음 수어 카드

제시한 이미지는 상대방이 보았을 때의 모양입니다.

ㄱ	ㄴ	ㄷ	ㄹ	ㅁ	ㅂ	ㅅ
ㅇ	ㅈ	ㅊ	ㅋ	ㅌ	ㅍ	ㅎ

3 쏙쏙, 공부해 보자!

인공지능을 적용하기 위해 컴퓨터를 학습시켜 봅시다.

* **컴퓨터에게 수어를 학습시킨 다음, 수어의 의미를 알아보는 과정을 확인해 봅시다.**

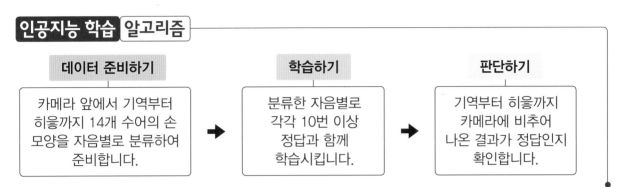

인공지능 학습 알고리즘

데이터 준비하기		학습하기		판단하기
카메라 앞에서 기역부터 히읗까지 14개 수어의 손 모양을 자음별로 분류하여 준비합니다.	→	분류한 자음별로 각각 10번 이상 정답과 함께 학습시킵니다.	→	기역부터 히읗까지 카메라에 비추어 나온 결과가 정답인지 확인합니다.

* **인공지능 학습 알고리즘에 따라 컴퓨터를 학습시켜 봅시다.**

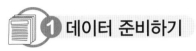

1 데이터 준비하기

오른 손

140쪽 '수어 카드' 이미지를 참고해서 수어를 자음별로 분류하여 준비합니다.

ㄱ		오른 주먹의 1·5지를 펴서 1지 끝이 아래에, 손등이 밖으로 향하게 세웁니다.
ㄴ		오른 주먹의 1·5지를 펴서 1지 끝이 왼쪽으로, 손등이 밖으로 향하게 합니다.
ㄷ		오른 주먹의 1·2지를 펴서 벌려 끝이 왼쪽으로, 손등이 밖으로 향하게 합니다.
ㄹ		오른 주먹의 1·2·3지를 펴서 벌려 끝이 왼쪽으로, 손등이 밖으로 향하게 합니다.
ㅁ		손등이 안으로 향하게 세워 쥔 오른 주먹의 1·2지를 구부립니다.
ㅂ		오른 주먹의 1·2·3·4지를 위로 펴고 붙여서 손바닥이 밖으로, 손끝이 위로 향하게 세웁니다.
ㅅ		오른 주먹의 1·2지를 펴서 벌려 손등이 밖으로, 끝이 아래로 향하게 합니다.
ㅇ		손바닥이 밖으로 향하게 펴서 세운 오른손의 1·5지 끝을 맞대어 동그라미를 만들어 보입니다.
ㅈ		오른 주먹의 1·2·5지를 펴서 손등이 밖으로, 끝이 아래로 향하게 세웁니다.
ㅊ		오른 주먹의 1·2·3·5지를 펴서 손등이 밖으로 끝이 아래로 향하게 세웁니다.
ㅋ		오른 주먹의 1지를 반쯤 굽히고 2·5지를 펴서 등이 밖으로, 끝이 아래로 향하게 세웁니다.
ㅌ		손등이 밖으로 향하게 쥔 오른 주먹의 1·2·3지를 펴서 끝이 왼쪽으로 향하게 하여 2·3지는 붙이고 1지는 뗍니다.
ㅍ		손등이 안으로 향하게 세운 오른손의 1·2·3·4·5지를 반쯤 굽힙니다.
ㅎ		오른 주먹의 5지만 위로 펴서 손등이 밖으로 향하게 세웁니다.

 학습하기

준비한 수어 데이터에서 각각 1개씩을 빼고 나머지를 학습시킵니다.

① ⬛ 확장 — (기계 학습)을 추가하고, ⬤ TM — 학습 모델 을 선택합니다.

② 새로운 모델 만들기 를 선택한 뒤, 모델 카테고리 수에 '14'를 입력하고 확인을 누릅니다.

③ 목록 이름을 입력하고 카메라로 이미지를 인식한 뒤, 배우기 를 누릅니다. 지면상 소개하지 않은 나머지 한글 자음 전체를 모두 학습시킵니다.

문제	학습	정답
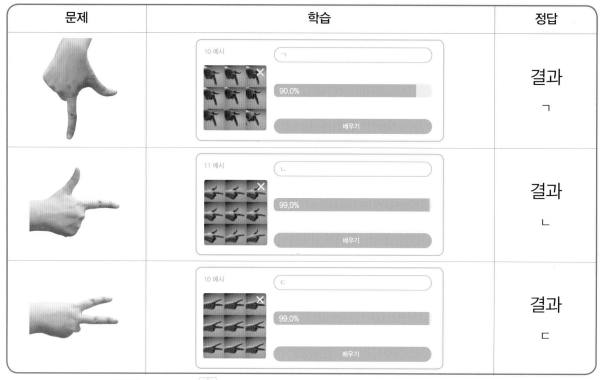	10 예시 ㄱ 90.0% 배우기	결과 ㄱ
	11 예시 ㄴ 99.0% 배우기	결과 ㄴ
	10 예시 ㄷ 99.0% 배우기	결과 ㄷ

※ 모든 카테고리별 배우기 가 끝나면 ⬤TM 블록 꾸러미에 인식 결과 , ㄱ ▾ 의 신뢰도 , 인식 결과는 ㄱ ▾ 입니까? 블록이 생깁니다.

🔨 판단하기

학습시키지 않은 데이터를 인식시켜 정답과 같으면 ○, 다르면 ✕에 ◯표 해 봅시다.

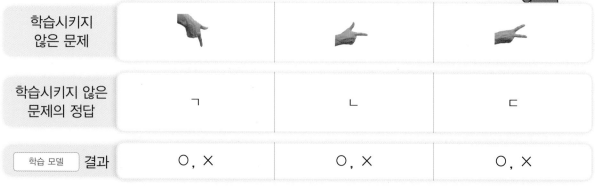

학습시키지 않은 문제			
학습시키지 않은 문제의 정답	ㄱ	ㄴ	ㄷ
학습 모델 결과	○, ✕	○, ✕	○, ✕

※ 학습이 잘되었으면 모델 사용 을 선택하여 편집 화면으로 이동합니다.

4 척척, 스스로 알아서 처리해!!

인공지능을 적용하여 문제를 해결해 봅시다.

예제 주소_ https://planet.mblock.cc/project/289483

＊ 선생님의 수어 첫소리 힌트를 통역해 주는 프로그램을 만들어 봅시다.

 1 화면 구성하기

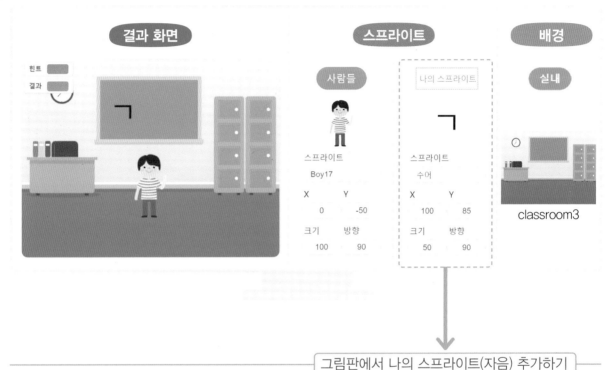

그림판에서 나의 스프라이트(자음) 추가하기

① 스프라이트 탭 – 📦 – ✂ 그림판 – T 을 선택합니다.

② 중심점을 기준으로 한글 자음 'ㄱ'을 입력한 다음, ▶ 를 선택합니다.

③ 크기를 조절하고 모양 이름을 'ㄱ'으로 변경합니다.   모양 ┌ㄱ┐ ③

④ 🐱 를 선택하고 위와 같은 방법으로 'ㄴ'부터 'ㅎ'까지 13개의 모양을 추가한 뒤, 모양 이름을 해당 자음으로 변경합니다.

2 코드 작성하기

-  변수 — 변수 만들기 에서 '힌트', '결과' 변수를 만듭니다.

- 이벤트 — '통역' 메시지를 만듭니다.

- 확장 — (펜), Text to Speech (Text to Speech)를 차례로 선택합니다.

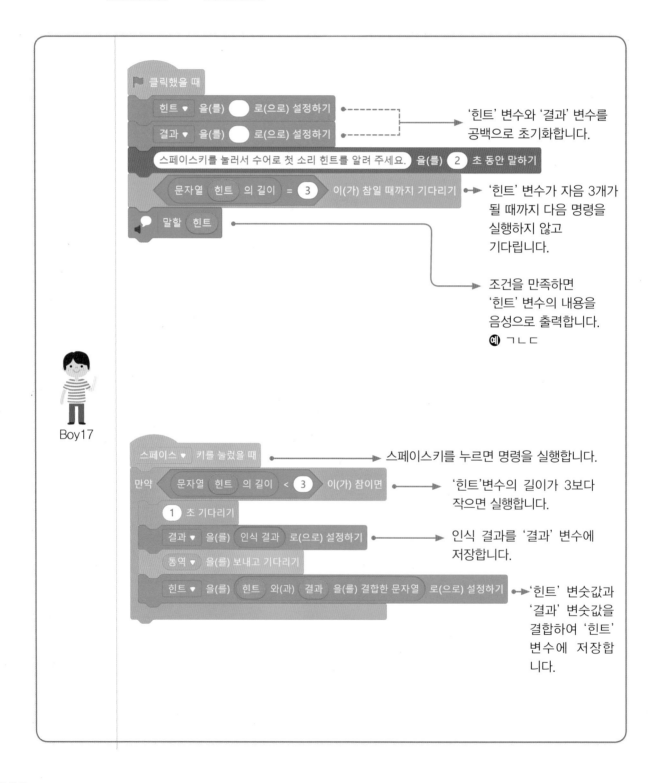

클릭했을 때

힌트 ▼ 을(를) ◯ 로(으로) 설정하기 ┄┄┄┄┄► '힌트' 변수와 '결과' 변수를 공백으로 초기화합니다.

결과 ▼ 을(를) ◯ 로(으로) 설정하기

스페이스키를 눌러서 수어로 첫 소리 힌트를 알려 주세요. 을(를) 2 초 동안 말하기

문자열 힌트 의 길이 = 3 이(가) 참일 때까지 기다리기 ► '힌트' 변수가 자음 3개가 될 때까지 다음 명령을 실행하지 않고 기다립니다.

말할 힌트

조건을 만족하면 '힌트' 변수의 내용을 음성으로 출력합니다.
예 ㄱㄴㄷ

Boy17

스페이스 ▼ 키를 눌렀을 때 ━━━━► 스페이스키를 누르면 명령을 실행합니다.

만약 문자열 힌트 의 길이 < 3 이(가) 참이면 ━━━━► '힌트'변수의 길이가 3보다 작으면 실행합니다.

1 초 기다리기

결과 ▼ 을(를) 인식 결과 로(으로) 설정하기 ◄━━━ 인식 결과를 '결과' 변수에 저장합니다.

통역 ▼ 을(를) 보내고 기다리기

힌트 ▼ 을(를) 힌트 와(과) 결과 을(를) 결합한 문자열 로(으로) 설정하기 ━► '힌트' 변숫값과 '결과' 변숫값을 결합하여 '힌트' 변수에 저장합니다.

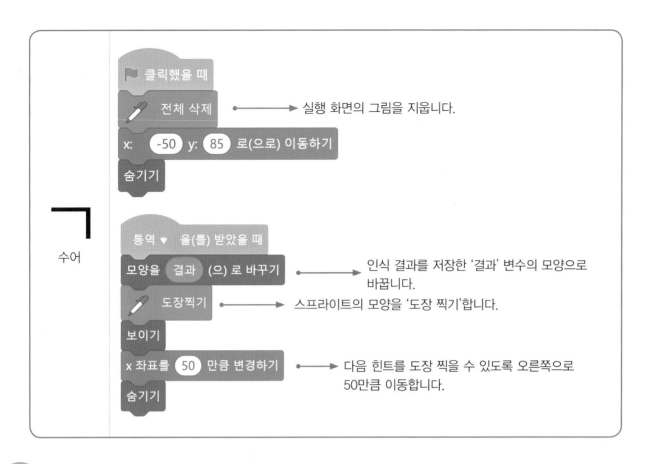

수어

- 클릭했을 때
- 전체 삭제 → 실행 화면의 그림을 지웁니다.
- x: -50 y: 85 로(으로) 이동하기
- 숨기기

- 통역 ▼ 을(를) 받았을 때
- 모양을 결과 (으)로 바꾸기 → 인식 결과를 저장한 '결과' 변수의 모양으로 바꿉니다.
- 도장찍기 → 스프라이트의 모양을 '도장 찍기'합니다.
- 보이기
- x 좌표를 50 만큼 변경하기 → 다음 힌트를 도장 찍을 수 있도록 오른쪽으로 50만큼 이동합니다.
- 숨기기

③ 실행 결과 확인하기

- 스페이스키를 눌렀을 때 카메라 인식 창이 화면에 출력되는지 확인합니다.
- 한글 자음 수어의 손 모양을 인식한 결과가 화면에 출력되는지 확인합니다.
- 자음 3개를 인식했을 때 '힌트' 변수의 내용이 음성으로 출력되는지 확인합니다.

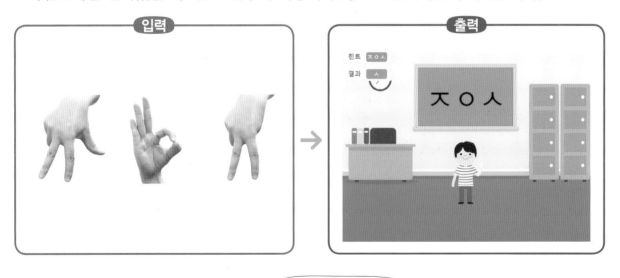

인식 결과가 좋지 않다면, 수어의 손 모양을 더 많이 학습시켜 보세요.

5 쑥쑥, 인공지능을 알게 돼!

인공지능 기술을 이용한 프로젝트의 개발 과정을 살펴봅시다.

＊인공지능(AI) 프로젝트 사이클(Project Cycle)

❶ 문제 설정하기	❷ 데이터 수집하기	❸ 데이터 탐색하기	❹ 인공지능 모델 만들기	❺ 모델 평가하기	❻ 활용하기
해결해야 할 문제가 무엇인지를 결정합니다.	문제 해결을 위해 필요한 자료를 수집합니다.	수집한 자료에서 특성을 찾고, 예상치 못한 값이 들어있거나 오류가 있는지 확인합니다.	수집한 자료로 인공지능 모델을 만듭니다. (컴퓨터를 학습시킵니다.)	인공지능 모델을 시험해 봅니다.	모델을 적용하여 활용합니다.

＊본 교재의 활동이 AI 프로젝트 사이클의 각 단계와 어떻게 연결되는지 확인해 봅시다.

프로젝트 사이클	본 교재		활동
문제 설정하기	똑똑, 무슨 일이니?		'수어의  손동작의 의미는 무엇일까?' 수어를 통역해 주는 인공지능 프로그램을 만들 수 있을까 생각합니다.
데이터 수집하기	쑥쑥, 공부해 보자!	데이터 준비하기	수어의 자음을 표현하는 데이터를 14가지로 분류합니다.
데이터 탐색하기			수어 사진을 찍는 과정에서 잘못 나온 사진은 빼고, 잘 나온 사진만을 골라서 선택합니다.
인공지능 모델 만들기		학습하기	인공 지능 모델을 컴퓨터에게 학습시킵니다.
모델 평가하기		판단하기	학습시키지 않은 수어의 손 모양을 카메라에 비추고 잘 판단하는지 확인합니다. 틀린 결과를 말하면, 다시 사진을 찍어 반복 학습시키면서 테스트합니다.
활용하기	척척, 스스로 알아서 처리해!		만들어진 인공지능 모델로 첫 소리 퀴즈를 할 수 있는 엠블록 프로그램을 작성하여 활용합니다.

> 수어를 인식하는 인공지능 모델 만들기가 '모델 만들기'이고, 이 모델을 수어 첫 소리 퀴즈 프로그램을 만드는 데 활용했어요. 같은 모델이라도, 목적에 따라 다양하게 활용할 수 있겠죠?

인공지능, 함께 생각해 봐요!

인공지능과 더불어 사는 삶

우리와 함께 사는 세상에는 말을 할 수 없어 수어를 사용하거나, 보지 못해서 점자를 이용해야 하는 분들이 많아요. 함께 사는 세상을 만들기 위해 여러분들이 배운 인공지능 기술을 어떻게 사용하면 좋을지 써 보고, 아래 내용과 비교해 보세요.

> 예 수어가 만국 공통어인 줄 알았는데 나라마다 수어의 표현 방식이 다르다는 것을 알았습니다. 비장애인이 영어를 배워서 외국인과 대화하는 것처럼, 청각 장애인이 다른 나라의 사람과 대화하려면 그 나라의 수어를 배워야 합니다. 외국어를 통역해 주듯이, 여러 나라의 수어를 통역해 주는 인공지능 프로그램이 나온다면 청각 장애인들에게 도움이 될 것 같습니다.

아! 그렇구나

https://www.youtube.com/watch?v=zlfaArfIen4

동영상

목소리로 말을 하지 못하는 사람에게 목소리를 만들어 준 인공지능의 영상입니다. 오늘 우리가 배운 것을 이용한다면 수어 자동 통역기를 만들어 목소리로 말을 하지 못하는 분들과 대화할 수도 있어요.

비록 장애인들의 발음이 부정확하더라도 그들의 말을 잘 학습하면 전하려는 내용을 알아듣기 쉽게 표현할 수도 있어요.

인공지능은 소리를 듣지 못해 말을 배우지 못한 청각 장애인과 수어를 모르는 대부분의 비장애인들 사이뿐만 아니라, 표현 방식이 다른 나라의 장애인들과의 거리를 좁히는 데 큰 역할을 하게 될 것입니다.

엠블록 출동!
인공지능,
나도 할 수 있다

초판발행 2020년 7월 24일
2 쇄발행 2021년 5월 1일

지 은 이 씨마스에듀 코딩 교육연구회 (장병철, 유경선, 이준기, 이은경)
펴 낸 이 이미래
펴 낸 곳 (주)씨마스
주   소 서울특별시 중구 서애로 23(필동 3가 21-7) 통일빌딩
등록번호 제301호-2011-214호
내용문의 02)2274-1590~2 | 팩스 02)2278-6702

편   집 권소민, 김영미, 신태환, 최햇님
디 자 인 표지: 이기복, 내지: 곽상엽
마 케 팅 김진주

홈페이지 www.cmass21.co.kr | **이메일** cmass@cmass21.co.kr
이 책에 대한 의견이나 잘못된 내용에 대한 수정 정보는 씨마스 홈페이지나 이메일로 알려 주시기 바랍니다.
잘못된 책은 구매처 또는 본사에서 교환해 드립니다.

I S B N   979-11-5672-396-7

교구는 별도 판매합니다.
구 매 처 T. 02) 2274-1590~2
홈페이지 cmassedumall.com

＊에코백 포함

부록 데이터 활동지

본문 63쪽 글씨체 데이터를 준비할 때 아래 활동지를 오려서 활용할 수 있습니다.

※ 앞면에만 글씨를 쓰세요.

〈앞면〉

자르는 선

자르는 선

〈뒷면〉

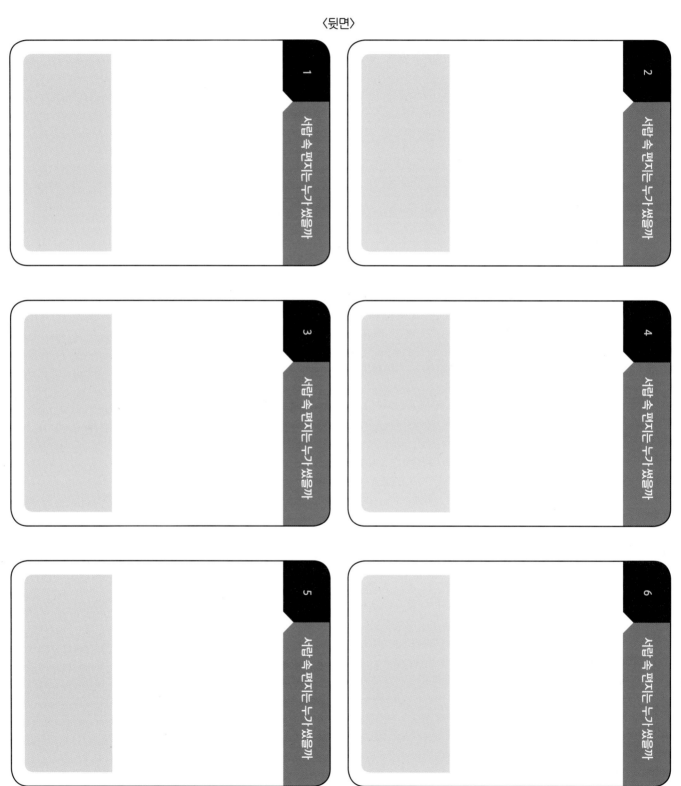

1	사람 속 편지는 누가 썼을까
2	사람 속 편지는 누가 썼을까
3	사람 속 편지는 누가 썼을까
4	사람 속 편지는 누가 썼을까
5	사람 속 편지는 누가 썼을까
6	사람 속 편지는 누가 썼을까

〈앞면〉

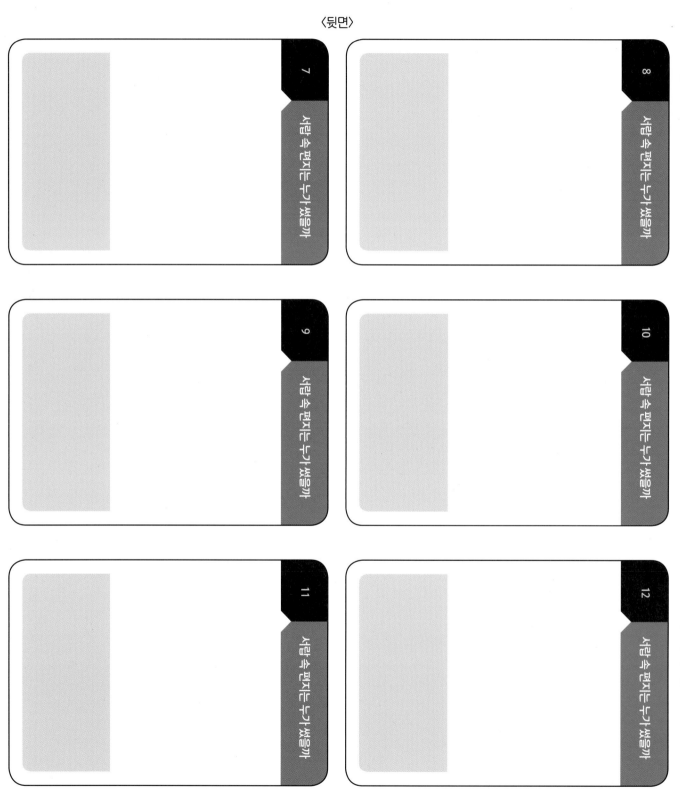

〈뒷면〉

〈앞면〉

자르는 선

자르는 선

자르는 선

〈뒷면〉

잘라는 선 ✂

13 사람 속 편지는 누가 썼을까	14 사람 속 편지는 누가 썼을까
15 사람 속 편지는 누가 썼을까	16 사람 속 편지는 누가 썼을까
17 사람 속 편지는 누가 썼을까	18 사람 속 편지는 누가 썼을까

잘라는 선 ✂

부록 데이터 활동지

〈앞면〉

〈뒷면〉

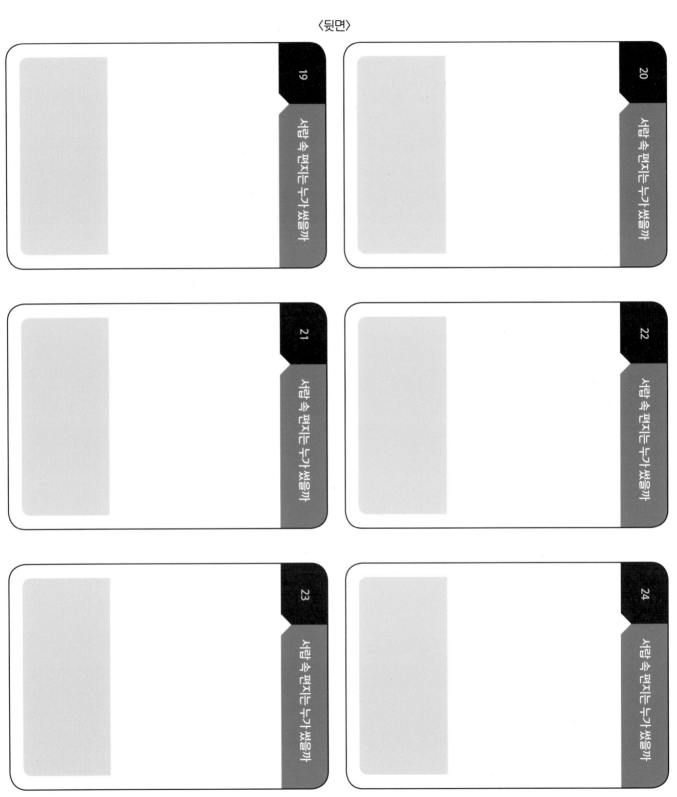

19	사람 속 편지는 누가 썼을까
20	사람 속 편지는 누가 썼을까
21	사람 속 편지는 누가 썼을까
22	사람 속 편지는 누가 썼을까
23	사람 속 편지는 누가 썼을까
24	사람 속 편지는 누가 썼을까

〈앞면〉

〈뒷면〉

자르는 선

| 25 | 사람 속 편지는 누가 썼을까 |
| 26 | 사람 속 편지는 누가 썼을까 |

| 27 | 사람 속 편지는 누가 썼을까 |
| 28 | 사람 속 편지는 누가 썼을까 |

| 29 | 사람 속 편지는 누가 썼을까 |
| 30 | 사람 속 편지는 누가 썼을까 |

자르는 선

〈앞면〉

〈뒷면〉

✂ 자르는 선

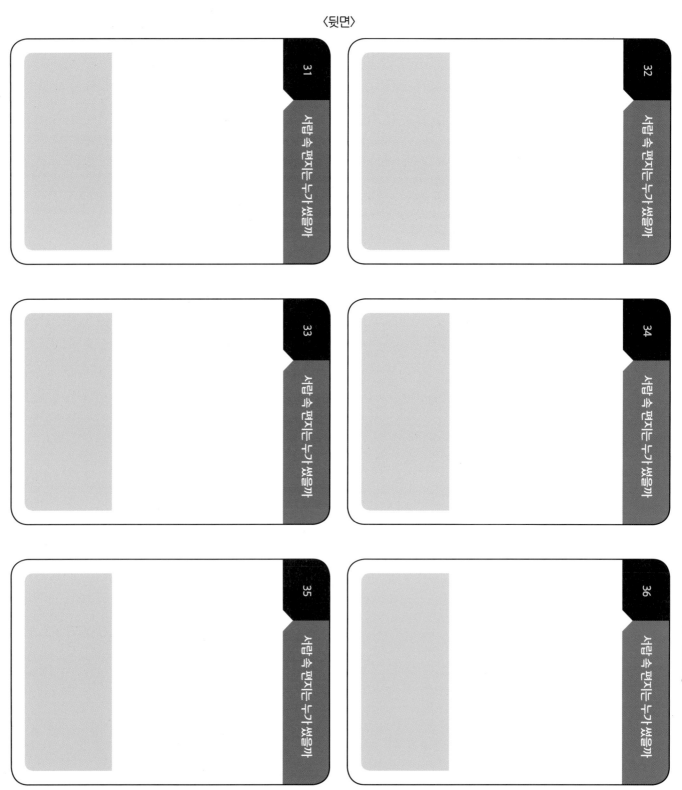

31	사람 속 편지는 누가 썼을까
32	사람 속 편지는 누가 썼을까
33	사람 속 편지는 누가 썼을까
34	사람 속 편지는 누가 썼을까
35	사람 속 편지는 누가 썼을까
36	사람 속 편지는 누가 썼을까

✂ 자르는 선